从历史中走来

写给职工的思想政治课

本书编写组◎编著

中国工人出版社

图书在版编目（CIP）数据

从历史中走来：写给职工的思想政治课 /《从历史中走来：写给职工的思想政治课》编写组编著. —北京：中国工人出版社，2020.12

ISBN 978-7-5008-7559-8

Ⅰ.①从… Ⅱ.①从… Ⅲ.①中国历史–近现代–通俗读物

Ⅳ.①K260.9

中国版本图书馆CIP数据核字（2020）第239136号

从历史中走来：写给职工的思想政治课

出 版 人 董 宽
责任编辑 冀 卓 时秀晶
责任校对 张 彦
责任印制 栾征宇
出版发行 中国工人出版社
地　　址 北京市东城区鼓楼外大街45号 邮编：100120
网　　址 http://www.wp-china.com
电　　话 （010）62005043（总编室）
（010）62005039（印制管理中心）
（010）82027810（职工教育分社）
发行热线 （010）82029051 62383056
经　　销 各地书店
印　　刷 宝蕾元仁浩（天津）印刷有限公司
开　　本 880毫米×1230毫米 1/32
印　　张 6.25
字　　数 137千字
版　　次 2023年5月第1版 2024年10月第3次印刷
定　　价 39.00元

前 言

党的十八大以来，习近平总书记就做好职工思想政治工作发表了一系列重要讲话，作出了一系列重要指示，为做好职工思想政治工作提供了根本遵循。面向广大职工开展思想政治教育，对引导职工群众更好地了解党的历史，激发爱国主义情怀，坚定中国特色社会主义信念，坚定不移听党话、跟党走具有重要意义，也是开展学习贯彻习近平新时代中国特色社会主义思想主题教育的应有之义。

2023年是全面贯彻党的二十大精神的开局之年，是实施“十四五”规划承前启后的关键一年，是为全面建设社会主义现代化国家奠定基础的重要一年。站在新时代的历史方位，团结引领广大职工为实现中华民族伟大复兴的中国梦而奋斗是新时代职工思想政治工作的主题主线。长期以来，各级工会高度重视职工思想政治引领工作，坚持守正创新，不断丰富职工思想政治引领的内容和形式，图书便是进行职工思想政治引领的媒介之一。

本书契合职工群众阅读需求，用通俗易懂的语言，讲述了中国共产党如何带领人民实现中华民族从站起来、富起来到强起来的伟大历史飞跃，其中重点展现了工人阶级的成长历程及其在历史发展中的作用及贡献，同时展望中国特色社会主义发展道路的美好前景，激励广大职工坚定信心信念，围绕立足新发展阶段、贯彻新发展理念、构建新发展格局、推动高质量发展，充分发挥主力军作用，在全面建设社会主义现代化国家新征程中贡献智慧和力量。

目 录

中国工人阶级的形成

1840年6月，一支由47艘舰船、4000名士兵组成的英国舰队从印度启航到达中国，列阵于广州海面，向虎门开炮……

18世纪末19世纪初，英国完成工业革命后，竭力向中国推销工业产品，企图用商品贸易打开中国的大门。但无奈长期以来，中国出产的茶叶、丝绸、瓷器在欧洲市场十分受欢迎，英国出口的羊毛、呢绒等工业制品在中国却不受青睐。直到19世纪二三十年代，中国对英贸易每年仍保持出超二三百万两白银的地位。

为了改变这种不利局面，英国向中国大量走私鸦片，鸦片贸易给英国鸦片贩子带来了惊人的暴利，迅速使中国由二百多年来的出超国变成入超国。

鸦片战争的爆发，打破了大清王朝“天朝上国”的闭关锁国梦，丧权辱国的《南京条约》使中国开始成为半殖民地半封建社会。

如果说战争以前，英国人知道了贩毒比通商挣钱容易，那么这场战争以后，欧洲列强发现打仗比贩毒来钱更快，堪比明抢。此后的60年中，第二次鸦片战争、中法战争、中日甲午战争、八国联军入侵，一系列不平等条约相继签订。这里有一份沉重的统计数据：

自1840年第一次鸦片战争起至1949年新中国成立止，外国侵略者强加给中国人民的不平等条约共计1182个；自鸦片战争到清政府垮台的70年中，中国仅赔偿一项连本带利总数达16亿两白银，平均每年负担对外赔款2285.7万两白银。

在列强入侵之下，中国自给自足的自然经济被瓦解，从明朝中后期开始孕育并缓慢发展的资本主义萌芽受到冲击，中华民族进入一个苦难深重的时期。

清朝的“老大帝国”可以被打垮，但中国不会亡。在这个“老大帝国”的废墟上，在半殖民地半封建社会的进程中，催生了一个全新的阶级——工人阶级。这个阶级和它的先锋队，创造了一个“少年中国”，通过百年奋斗站起来、富起来、强起来，屹立于世界民族之林。

鸦片战争之后，外资企业、清政府官办企业和商办企业不断发展，工人阶级也逐步发展壮大。据统计，从1840年到1894年中日甲午战争爆发前，中国有产业工人10万余人，到1913年第一次世界大战爆发前，产业工人已增加到100万人，到五四运动爆发前，全国产业工人约260万人。这意味着，中国工人阶级作为一个新生的阶级已经产生了。

新生的中国工人阶级，除具有世界各国工人阶级共同的特点——代表着先进的生产力、最大公无私、最富有革命彻底性和组织纪律性外，还有自己独有的特点：其一，它早于中国民族资本工业而生，因而与资产阶级相比，资格更老；其二，由于深受帝国主义、封建主义和官僚资本主义三重压迫，因而革命最坚决彻底；其三，产业工人集中分布在大中城市与工业区，十分有利于工人阶级的团结和组织；其四，中国工人阶级大多数来源于农村，与农民有着天然的血肉联系，极易结成坚强的联盟。

中国的近代工业发展，从同治初年算起，直到民国初年，基本上可以分为“军用工业时期”“官督商办时期”“外人兴业时期”“政府奖励及利权收回时期”和“自动发展时期”五个时期。最早的产业工人，多集中于纺织、矿业、铁路、制造等几个行业。由于外国资本的残酷压榨，民族资本的先天不足，中国工人受到的压迫也远较资本主义国家为甚。

哪里有压迫，哪里就有反抗。中国工人阶级从诞生那天起，就同时受着本国封建主义、外国殖民势力以及资本主义的压迫与剥削。同样，中国工人阶级的斗争伴随着工人阶级的成长一直存在。从鸦片战争到五四运动，工人阶级的反抗行动此起彼伏，未曾停歇。

中国工人阶级的诞生，是中国工人运动产生和发展的基础。中国工人阶级的早期斗争，随着工人阶级队伍的发展壮大和阶级觉悟的不断提高而发展。经过早期的自发斗争与痛苦摸索，在斗争中不断积累经验、增长觉悟，逐渐产生了对真正工人团体——工会组织的呼唤与渴求。正如列宁所言，工会是工人由散漫无力走向阶级联合的开端和过渡。在斗争中，工人逐渐有了阶级意识和团结的愿望，最终促成了告别散漫、走向联合。

中国共产党的诞生

1917 年，俄国十月革命一声炮响，给中国送来了马克思列宁主义。1919 年，五四运动爆发，这是中国新民主主义革命的开端，也是工人阶级以独立姿态登上中国历史舞台的标志。五四运动从学生罢课开始，到 6 月 3 日以后，发展为以上海为中心、以工人阶级为主体的政治大罢工。大罢工浪潮很快波及全国，各地工人纷纷响应，积极投入这场伟大的反帝爱国斗争中，给帝国主义与军阀政府以强有力的打击。

五四运动后，中国工人运动的不断发展，工人阶级在斗争中的不断成长，为中国共产党的建立奠定了良好的阶级基础。自十月革命胜利后开始接受和传播马克思主义的先进知识分子，在五四运动中进一步认识了工人阶级的伟大力量，决心到工人中间去，走与工农相结合的路，促进了马克思主义的广泛传播。正如李立三所说："在五四运动以前几乎没有认识群众力量，到了五四运动以后，一般进步青年，便受了这个浪潮的冲击，认识国民革命前途，必须唤起广大的群众来参加，尤其是工人群众。"

1920 年初，李大钊、陈独秀等开始了建党的探索和酝酿。4

月，俄共（布）西伯利亚局派维经斯基等一行来华，了解中国情况和建党可能性。他们先在北京会见了李大钊，后由李大钊介绍到上海会见陈独秀，共同商谈讨论了建党问题，促进了中国共产党的创立。

1920 年 8 月，陈独秀在上海成立了中国共产党的早期组织。

10 月，李大钊在北京建立了共产党早期组织。

随后，董必武、陈潭秋、包惠僧等正式成立武汉共产党早期组织。

施存统、周佛海等在日本建立旅日共产党早期组织。

毛泽东、何叔衡等在长沙，以新民学会骨干为核心秘密组建共产党早期组织。

王尽美、邓恩铭等在济南建立共产党早期组织。

张申府、周恩来、赵世炎、刘清扬等在法国也建立了共产党早期组织。

……

于此，中国共产党成立的条件已经成熟，便有了“南陈北李，相约建党”的佳话。

1921 年 7 月 23 日，中国共产党第一次全国代表大会在上海法租界望志路 106 号召开。

参加会议的代表有：上海的李达、李汉俊，北京的张国焘、刘仁静，长沙的毛泽东、何叔衡，武汉的董必武、陈潭秋，济南的王尽美、邓恩铭，广州的陈公博，旅日的周佛海；包惠僧受陈独秀派遣，出席了会议。他们代表着全国 50 多名党员。共产国际代表马林和尼克尔斯基出席了会议。陈独秀和李大钊因事务繁忙未出席会议。

代表们在这里开会到 7 月 30 日，被租界的巡捕发现，会议被迫中断。之后，转移到嘉兴南湖的一艘游船上，完成了全部议程。

会议通过了《中国共产党第一个纲领》和《中国共产党第一个决议》，宣告了中国共产党的诞生。

大会通过党的纲领，明确提出党的根本任务是领导无产阶级进行革命斗争，推翻资产阶级国家政权，消灭私有制，建立以公有制为基础的劳动群众当家作主的无产阶级专政国家，最终目标是消灭阶级和阶级差别，实现共产主义。

根据《中国共产党简史》的叙述，中国共产党的创建，是中华民族发展史上开天辟地的大事变，具有伟大而深远的意义。中国共产党的建立，充分展现了开天辟地、敢为人先的首创精神，坚定理想、百折不挠的奋斗精神，立党为公、忠诚为民的奉献精神。这是中国革命精神之源、精神之基、精神之本。

中国劳动组合书记部成立

党的一大讨论通过的决议中，包括《中国共产党第一个纲领》（简称《纲领》）和《中国共产党第一个决议》（简称《决议》）。

《纲领》共15条约700字，确定了党的名称、奋斗目标、基本政策，提出了发展党员、建立地方和中央机构等组织制度，兼有党纲和党章的内容。《决议》对建党后的工作进行了部署，明确规定中国共产党成立后的中心工作是领导、组织和推进工人运动，基本任务是“成立产业工会”，强调“党在工会中要灌输阶级斗争的精神”。

《决议》共有六部分内容，其中三部分是关于工人阶级和工会工作的，分别是第一部分（工人组织）、第三部分（工人学校）、第四部分（工会组织的研究机构），节录如下：

一、工人组织

本党的基本任务是成立产业工会。凡有一个以上产业部门的地方，均应组织工会；在没有大工业而只有一两个工厂的地方，可成立比较适于当地条件的工厂工会。

党应在工会里灌输阶级斗争的精神。党应警惕，使工会避免成为其他党派之傀儡。为此，党应特别机警地注意，勿使工会执行其他的政治路线。对于手工业工会，应迅速派出党员，尽快进行改组工作。

拥有会员二百人以上方能成立工会，而且至少要派我党党员二人到该工会去工作。

……

三、工人学校

因工人学校是组织产业工会过程中的一个阶段，所以在一切产业部门均应成立这种学校，例如，应成立“运输工人预备学校”和“纺织工人预备学校”等等。在这种学校里，除非常必要的情况外，不应教若干门不同的课程。

学校管理处和校务委员会应完全由工人组成。党聘请的教员可以出席校务委员会的会议。

工人学校应逐渐变成工人政党的中心机构，否则，这种学校就无须存在，可予以解散或改组。

学校的基本方针是提高工人的觉悟，使他们认识到成立工会的必要。

四、工会组织的研究机构

这种机构应由各个产业部门的领导人、有觉悟的工人和党员组成，应研究产业工会组织的工作方法等问题。

成立这种机构的主要目的应为教育工人使其在实践中能够实现共产党的思想。应特别注意组织工人工会，援助其他部门的工人运动，研究工人工会以及其他无产阶级组织的情况。

为了更适当地进行工作，这种机构的研究工作应分为以下几类：工人运动史，组织工厂工人的方法，卡尔·马克思的经济学说，各国工人运动的现状。研究的成果应定期发表。应特别注意中国工人运动问题。

在党的一大召开之后的8月11日，党即在上海成立了第一个公开领导工人运动的机构——中国劳动组合书记部。“劳动组合”（Trade Unions）即工会之意，“书记部”即秘书处的意思。书记部办公地点设在上海公共租界新闸路北成都路口19号。邓中夏曾担任主任，秘书为李启汉。

中国劳动组合书记部建立之初，就出版了机关报《劳动周刊》。在当年的《共产党》月刊上，有一段简短的发刊词：

这个劳动周刊是中国劳动组合书记部的机关报，换言之，就是中国全体劳动者言论机关。我们这个周刊是比不得有产阶级的报纸，有产阶级的报纸，是只记得金钱，哪里记得什么公道正义呢？我们的周刊不是营业的性质，是专门本着中国劳动组合书记部的宗旨，为劳动者说话，并鼓吹劳动组合主义。我们希望中国的工人们都拿材料来供给这个唯一的言论机关，都来维护这个唯一的言论机关，扩大解放全人类的声浪，促进解放全人类的事业实现。中国的工人们，快快把我们的头抬起来呀！

《劳动周刊》刚出版就一纸风行，受到工人们的热烈欢迎，被工人称为“指路明灯”。它在醒目的位置刊登宣传口号：“工友们，我们大家联合的机会到了！”“世界工人们联合起来啊！”《共产党》月刊也称赞它“办得异常完善，大可以增进劳动者的知识，真是教育训练工人们的一个最好的机关报”。

中国劳动组合书记部成立后，逐渐成为全国工人运动的总机关和领导者，在1925年中华全国总工会成立之前，担任组织和领导工人斗争的重要角色，写下了中国工运史的光辉一页。

中国劳动组合书记部成立之后，相继在北京、长沙、武汉、广州、济南、上海等地设立了分部机构，将工人运动的火种播向全国各地。主要有：

北方分部。1921年8月在北京成立，主任罗章龙，副主任王尽美。领导建立的主要工会组织有长辛店工人俱乐部、津浦铁路工人俱乐部、京奉铁路唐山制造厂职工同人联合会、京绥铁路车务工人同人会、道清铁路工人俱乐部、京汉铁路总工会、正太铁路总工会等。

湖南分部。1921年8月成立于长沙，主任毛泽东，李立三、刘少奇、郭亮先后负责宣传、组织工作。领导下的主要工会组织有湖南劳工会、安源路矿工人俱乐部、粤汉铁路新河俱乐部、长沙泥木工会、粤汉铁路总工会、株萍铁路总工会、水口山矿工人俱乐部、长沙第一纱厂工人俱乐部等。

武汉分部。1921年9月成立于武昌，主任包惠僧，后由林育南、项德隆（项英）继任。领导下的主要工会组织有：汉口人力车夫工会、京汉铁路江岸工人俱乐部、汉阳钢铁厂工会、武汉第一纱厂工会等。

广东分部。1921 年 9 月在广州成立，主任谭平山，后冯菊坡继任。领导下的主要工会组织有广州理发工会、广东土木建筑工会、油业工会等。

山东分部。1922 年 6 月成立，后并入北方分部，主任王尽美，后由邓恩铭、王翔千接任。领导下的主要工会组织有津浦铁路济南大槐树机车厂工人俱乐部等。

1922 年 6 月，中国劳动组合书记部总部被上海公共租界巡捕房封闭，出版了 41 期的《劳动周刊》被勒令停刊，总部不得不由上海迁往北京，并于 1922 年 8 月在上海设立分部，主任为袁达时，总部与上海分部陆续建立了上海机器工会、上海印刷工会、上海烟草工会、上海浦东纺织工会、上海海员工会、上海金银业工人俱乐部等工会组织。

中国劳动组合书记部及其组织，在中国共产党领导下，迅速把工人运动的火种播向全国各地。

《共产党宣言》在中国

1920年，就在各地中国共产党早期组织即将建立之时，一本小册子的出版，给早期共产主义者们带来了甘美的精神食粮。

当年陈望道翻译的这本《共产党宣言》，封面上印着一位络腮胡子的洋人坐像，这就是马克思。上面还印有“社会主义研究小组丛书第一种，马格思、安格斯（即马克思、恩格斯）合著，陈望道译”的字样。

《共产党宣言》是马克思和恩格斯在1847年12月至1848年1月，为共产主义者同盟起草的纲领。在马克思、恩格斯众多著作中，这篇《共产党宣言》集中了精华，可以说，欲知何为马克思主义，何为共产党，这部书便是入门之书、开锁之钥。《共产党宣言》最初是用德文出版的，1850年出了英译本，1863年出了俄文本，随后丹麦文、法文、西班牙文……相继出版，风行欧洲。

在中国，从1905年开始，《共产党宣言》多次在不同报刊被节译。1919年8月，19岁的张闻天在《南京学生联合会日刊》上发表《社会问题》一文，就节录了《共产党宣言》第二章的十条纲领。

但是《共产党宣言》一直没有全文中译本，戴季陶在日本买过一本日文版，曾想动手翻译，但细看之下知难而退。缘由是《共产党宣言》写得气势磅礴，文字精练，极富文采，要想翻译，不仅要有马克思主义理论功底，还要有相当深厚的中文文学修养。

经过邵力子的推荐，翻译的重任落到了陈望道头上。陈望道，原名陈参一，1891 年生，早年留学日本，曾积极提倡新文化运动，任《新青年》编辑，1927 年起在复旦大学任教。后来主编过《辞海》，著有《修辞学发凡》等。此时，他正在浙江第一师范当国文教师。

陈望道接手之后，拿着一本英译本、一本日译本的原著，于 1920 年 2 月回到老家——浙江义乌过春节。在这里，他避开来往乡友，躲进老家柴屋里，两条长凳上放一块铺板，算作书桌，几捆稻草充作凳子，入夜，点上一盏昏黄的油灯，不时翻阅《英汉辞典》《日汉辞典》。就是在这一时期，发生了那个“真理的味道很甜”的故事：

早春天气相当寒冷，到了夜晚寒风刺骨，冻得他手足发麻。陈望道的一日三餐和茶水等，常常由母亲给他送过来。有一次，母亲为了让他补补身子，特地包了粽子送来给他吃，还加上一碟红糖。过了一会儿，母亲在屋外高声问他，还要不要再添些红糖，他连声答话：“够甜，够甜了。”待到母亲进来收拾碗碟，只见他满嘴的墨汁。原来，陈望道专心致志地译书，竟把墨汁当作红糖蘸着吃粽子，自己却全然不觉。

1920年4月下旬，陈望道终于完成了《共产党宣言》的翻译工作，拎起行囊来到上海，到《新青年》编辑部担任编辑。他本是应邀担任《星期评论》编辑的，《共产党宣言》也本拟在这里刊载，不想由于军阀阻挠，《星期评论》被迫停刊。陈独秀与维经斯基商量，出资开办了一个“又新印刷所”，承印的第一本书就是《共产党宣言》——实际上，它就是为印这本书而开设的。初版的千余册很快销售一空，又应读者要求于同年9月重版。1921年9月，中国共产党在上海成立了人民出版社，决定重印《共产党宣言》，至1926年5月，此书已相继印行17版，足见其流传之广和受读者欢迎的程度之深。

马克思和恩格斯在此前70多年发出的振聋发聩的声音，终于在中国发出了回响。

《共产党宣言》极大地影响了中国早期共产主义者，促进了马克思主义在中国的传播。1920年5月，中国第一个“马克思主义研究会”在上海正式成立，书记为陈独秀，参加的成员有陈望道、李汉进、李达等。上海早期党组织成立后，陈望道做了许多工作，诸如社会主义青年团的筹建、出版的内部理论刊物《共产党》月刊的创刊等。陈望道还曾帮助筹建上海机器工会、印刷工会、纺织和邮电工会等，为积极组织和发动工人运动作出了重要贡献。

第一次工人运动高潮

中国共产党成立后，通过中国劳动组合书记部及其各地分部的领导，在全国范围内掀起了轰轰烈烈的罢工斗争。从1922年1月至1923年2月的一年多时间，全国共开展罢工斗争130余起，形成了中国历史上第一次全国性的工人运动高潮。

本次高潮的起点，是1922年1月12日至3月8日的香港海员大罢工。

1921年3月6日，香港海员在苏兆征、林伟民的宣传教育和带领下，筹备成立了中华海员工业联合总会。从当年5月到翌年1月，先后三次向英国轮船公司提出增加工资、工会有权介绍海员就业、有权派代表参与签订雇工合同等要求。公司置之不理，海员工会忍无可忍，1922年1月12日，香港海员大罢工爆发了。

最初参加罢工的有1500人，到1月底，罢工人数迅速扩大到3万人。香港当局采取的诱骗、欺骗、收买、调停的花招，都被工人领袖识破。罢工得到了全国各地工人、中国劳动组合书记部和广东革命政府的积极援助。3月初，罢工人数激增至10万人，罢工浪潮席卷了整个香港。香港当局为形势所迫，不得不答应工人提出的要求和条件。至此，坚持了 56 天的香港海员大罢工取得了完全胜利。

香港海员大罢工的胜利，在政治上和经济上沉重打击了英帝国主义侵略和压迫中国人民的嚣张气焰。正如邓中夏所说："七十年来赫赫奕奕的大英帝国主义终于在中国海员威力之下屈服了。"

第一次工人运动高潮中，罢工运动形成了几个罢工重点区，即北方区、武汉区、湖南区、上海区、广东区。

北方区以铁路罢工运动和开滦煤矿大罢工为代表，是当时全国罢工高潮中发展最快和成效最显著的地区之一。1922 年 8 月，在长辛店爆发的铁路工人大罢工，是北方区铁路工运高涨的起点；10 月，开滦煤矿所在的唐山、赵各庄、林西、唐家庄、马家沟矿工奋起罢工，形成规模空前的五矿同盟罢工，参加总人数达到 3 万多人。

在武汉区，粤汉铁路武长段工人在中国劳动组合书记部武汉和湖南分部的共同领导下，于 1922 年 9 月 9 日进行大罢工，罢工遭到敌人的疯狂镇压，但是工人们英勇不屈、顽强抵抗，迫使敌人让步，经过 15 天的斗争最终取得胜利。

湖南区的罢工主要由铁路和矿业工人发动，还有一些手工业和苦力工人参与其中。最著名的罢工是安源路矿工人罢工。这是一场由毛泽东领导发动，刘少奇和李立三亲自指挥，有 1.7 万名路矿工人参加的，轰轰烈烈、秩序井然、纪律严明的大罢工。罢工为时 5 天，最终取得了胜利。

上海区仅在 1922 年就发生大小罢工 54 次，参加人数 8.5 万余人，其中千人以上的罢工有16次，坚持20天以上的有5次。

广东区的工人罢工也接连不断，从1922年4月至1923年2月，不到一年的时间里就发生大小罢工30次以上，其中规模较大的是5月盐业工人罢工和6月澳门华工总罢工。

在罢工高潮中，一批地区工会和产业工会兴起。1922年7月，汉阳钢铁厂罢工胜利后建立的武汉工团联合会（后扩大为湖北全省工团联合会），是中国第一个地方总工会。1922年12月，在汉阳建立的汉冶萍总工会，是我国成立最早、规模最大的产业工会。与此同时，一批工矿企业的基层工会、手工业工会和铁路等产业工会也如雨后春笋般涌现，到1922年底，全国主要的铁路、矿山以及城市、工厂都有了工会组织，加上各地的工人俱乐部，总数量达到100多个，会员人数为80万~90万人。

1922年是中国工人运动首次蓬勃开展的一年，同时也是中国工会组织广泛发展的一年，因而这一年被称为“中华劳动运动纪元年”。

第一次工人运动高潮的顶点，是京汉铁路工人大罢工。

在中国劳动组合书记部的领导下，1922年京汉铁路沿线16个车站都正式建立了工会，会员达3万余人，建立京汉铁路总工会的条件已经成熟。中国共产党决定1923年2月在郑州举行京汉铁路总工会成立大会。但是，当筹备委员会如期在郑州召开成立大会时，直系军阀吴佩孚竟完全撕毁了“保护劳工”的假面具，派军警包围会场，阻止代表进入。全体代表和来宾冒着生命危险，冲破军警包围，冲进会场，在荷枪实弹的包围中宣布京汉铁路总工会正式成立。

当晚，京汉铁路总工会党组织召开秘密会议，决定2月4日进行全路工人总同盟罢工，总工会迁移到汉口江岸，并成立了总罢工委员会。2月4日中午12时，全路3万多工人大罢工，全路所有客车、货车、军车一律停驶，1200多公里的京汉铁路运输线完全陷入瘫痪状态。罢工中还提出“为自由而战，为人权而战”的口号，从而把以经济斗争为主要内容的罢工高潮推进到争取权利和自由的政治斗争阶段。

罢工发生后，吴佩孚在帝国主义的支持下，于2月7日对手无寸铁的罢工工人实行血腥镇压和疯狂屠杀，打死工人52人，伤300余人，被捕者60余人，还有1000多人被开除出工厂，流亡在外，造成了震惊中外的“二七”惨案。共产党员、京汉铁路总工会江岸分会委员长林祥谦和共产党员、湖北全省工团联合会法律顾问施洋等，都大义凛然地英勇献身。

“二七”惨案后，全国工会组织除湖南、广东、香港等地幸免于难外，北方和长江流域各省都遭受了封建军阀的武装镇压。为了保存工人实力，免遭更大的损失，京汉铁路工人忍痛复工。震惊中外的京汉铁路大罢工以失败告终。

中华全国总工会的诞生

为了争取和团结全国各种工人团体，迎接全国性的罢工高潮，总结党领导工运的经验，扩大工人运动的阵地，中国共产党决定，由中国劳动组合书记部发起召开第一次全国劳动大会。

1922 年 5 月 1 日至 6 日，第一次全国劳动大会在广州正式召开。出席大会的代表有 173 名，他们分别来自 12 个城市，110 个工会，代表着 34 万有组织的会员。“大会代表成分非常复杂，就其大者而言，有共产党派，有国民党派，有无政府派，有毫无信仰的市侩的或流氓的招牌工会派，甚至还有工商合租的团体。”在大会的进行中，由于代表成分复杂、政见不一，所以在会场上各派代表之间时时发生各种观点冲突和意见分歧，但是，由于中国共产党和中国劳动组合书记部牢牢把握大会的宗旨和方向，妥善处理各种争论和分歧，从而避免了分裂，使持续 6 天的大会最终得以胜利闭幕。

大会通过了 10 项决议案:《八小时工作制案》《罢工援助案》《全国总工会组织原则案》《统一全国工会旗帜及徽章案》《规定湖南劳工会黄、庞死难日为纪念节日案》《规定海员罢工沙田烈士死难日为纪念节日案》《铲除工界虎伥案》《组织全国人力车夫联合会案》《规定明年在汉口召开第二次全国劳动大会案》《在全国总工会未成立前承认中国劳动组合书记部为全国总通讯机关案》。这 10 项决议案中，大部分是我党领导的工会组织提出的。

第一次全国劳动大会的召开是中国工运史上的创举。它是中国工人阶级开始走向联合、走向团结的里程碑，它开创了工人联合起来的新纪元。大会提高了中国劳动组合书记部的威信，确立了中国共产党在全国工人运动中的领导地位，各党各派的工人组织在中国共产党和中国劳动组合书记部的领导下，开始走向全国工人阶级的团结与统一。

1924 年 1 月，中国国民党第一次全国代表大会召开，标志着革命统一战线的正式建立。大会讨论并通过了由共产党帮助起草的宣言和宪章，重新解释了三民主义，使其成为具有反帝反封建内容的革命纲领，并决定实行联俄、联共、扶助农工的三大政策。

第一次国共合作的实现，结束了“二七”惨案以来工人运动的沉寂，成为工人运动复兴和高涨的起点。

国民党一大后，孙中山依靠共产党人的帮助，改组、加强了国民党的各级领导机构，从中央党部到各地省市都设立了工、农、青、妇等部，这些部门的部长大多由共产党人或国民党左派担当，特别是其中的秘书、干事等负责实际工作的人员，大多是以个人身份加入国民党的共产党人。

1925 年 1 月 11 日至 22 日，中国共产党在上海召开了第四次全国代表大会。大会对革命形势、社会各阶级在革命中的地位和作用、无产阶级在革命中的领导权和工农联盟等问题，作了比较深刻的分析和论述。大会通过了关于职工运动等多项决议案，分析了全国工运所处的形势，详细制订了进一步开展工人运动的计划。

中共四大结束后，全国革命和工人运动的形势迅速发展。为了指导和推动全国工人运动进一步发展，实现全国工人运动的统一和团结，扩展并巩固工人阶级的力量；同时为了粉碎国民党右派网罗的各种工贼、流氓窃取工运领导权，分裂、破坏各地工运的企图，中国共产党决定在广州领导召开第二次全国劳动大会，成立中华全国总工会。

根据中共中央的决定，1925 年 5 月 1 日，由中华海员工业联合总会、汉冶萍总工会、全国铁路总工会和广州工人代表会 4 个团体发起，在广州召开了第二次全国劳动大会。与会代表 281 人，代表 166 个工会，54 万名有组织的会员。大会通过了 30 多个决议案，其中主要有《工人阶级与政治斗争的决议案》《经济斗争的决议案》《组织问题的决议案》《工农联合的决议案》《中华全国总工会总章》等。

上述决议案中，明确规定了中国工会在民主革命中的方针、策略和组织原则。在《工人阶级与政治斗争的决议案》中，再次强调无产阶级在革命中的领导权问题，指出“中国的民族革命运动，非得工业无产阶级参加，并取得领导地位”。在《工农联合的决议案》中，强调工农联盟的重要性，指出工人阶级要领导革命推翻现存制度，“倘若不联合农民，革命便难成功”，强调“农民要得到自身的解放，也只有与工人联络，才有可能”。在《组织问题的决议案》中，论述了工会的阶级性和组织形式的灵活性，指出：“工会组织的性质是阶级的，工会工作的内容是阶级的，工会教育同样也是阶级的。”这些主要决议案对于指导和推动工人运动的发展，起了重要推动作用。

第二次全国劳动大会在组织上的硕果，是中华全国总工会的成立。按照会议通过的《中华全国总工会总章》的规定，选举了中华全国总工会执行委员，由25人组成执行委员会。5月7日，全体执行委员召开第一次会议，推选林伟民为委员长，刘少奇、邓培、郑绎生为副委员长，林伟民兼干事局总干事，李森为组织部主任，戴卓民为秘书部主任，邓中夏为宣传部主任，孙云鹏为经济部主任。办公处设于广州。共产党在全国总工会内设立党团，邓中夏任书记。大会还决定中华全国总工会加入赤色职工国际。

中华全国总工会的诞生，标志着全国工人阶级在中国共产党的领导下，经过4年来的英勇斗争和流血牺牲，正式实现了全国工会在政治上和组织上的团结与统一，揭开了中国工人运动新的篇章。

大革命失败后的坚持与奋斗

中华全国总工会（以下简称“全国总工会”）成立之后，在党的领导下，发起了著名的五卅运动，紧接着又发动了省港大罢工，把工人运动再一次推向高潮。

五卅运动的直接导火线是顾正红惨案。1925 年上海日商纱厂的“二月罢工”结束后，工人与工会的力量引起日本资本家的恐惧和仇视。5 月 15 日，日本内外棉纱厂资本家借口停业，把工人阻拦在厂外。共产党员、工人顾正红带领工人与资本家讲理。日本人元木和川村用手枪朝工人射击，顾正红身中 4 枪，不治而亡，年仅 20 岁。

顾正红惨案发生后，中共中央和中共上海地委决定号召工农商学各界社会团体，援助上海内外棉工厂罢工工人。5 月 30 日，上海工人和学生 200 多人进入租界演讲示威，散发反帝传单。英帝国主义捕头下令向手无寸铁的人群开枪，共打死 13 人，重伤数十人，轻伤无数，另有 50 余人被捕，制造了震惊中外的五卅惨案。

5 月 31 日晚，中共召集上海各工会代表举行联席会议，决定公开成立上海总工会，选举李立三为委员长、刘华为副委员长、刘少奇为总务主任。上海总工会成立后，立即发动和领导上海工人阶级投入反帝爱国斗争中，成为上海五卅运动的组织者和指挥者。

上海五卅惨案的消息传到广州后，中共广东区委和全国总工会决定，在平定刘杨叛乱后，立即举行广州、香港工人的反帝大罢工，响应上海工人的反帝斗争。6月18日，全国总工会发出《为五卅惨案致香港各工团》的信，要求各工团“立即通令全体工友一致罢工”。

6月23日，广州工人、学生、四郊农民、革命军人和部分从香港回到广州的罢工工人共10万余人，举行了声势浩大的群众集会和示威游行。当游行队伍行至沙基大马路时，预先埋伏的英法军队，突然用机枪向游行队伍扫射。结果，游行群众当场被打死52人，重伤170多人，轻伤众多，制造了“沙基惨案”。

帝国主义的屠杀政策，不仅没有吓倒中国工人，反而激起了省港罢工规模的进一步扩大，到6月底，罢工工人猛增到25万人。省港大罢工使香港殖民当局在经济、政治上受到空前未有之打击，香港变为“死港”“臭港”“饿港”，经济损失严重，罢工一日，即损失700万元。香港总督史塔士被撤职。英帝国主义哀叹：1925年英国尊严之堕落，实为中英通商百年来所未有。

1926年7月北伐战争开始后，为了适应革命形势的变化，中共广东区委和全国总工会研究决定停止对香港的封锁，使省港工人的反帝斗争扩大为全国民众配合支援北伐战争、推翻帝国主义走狗封建军阀统治的运动。

北伐战争一开始，全国工人阶级就立即投入全力支援北伐军的热潮中。由于有高度觉悟的工人队伍的各种支援，北伐军进军迅速。随着北伐战争的胜利进军，国民革命军所到之处，工农群众也在中共的领导下，迅速掀起了热烈支援北伐军的活动。

为了配合北伐战争，从 1926 年 10 月至 1927 年 3 月，中国共产党领导上海工人阶级，先后举行了三次武装起义。上海工人第三次武装起义的胜利，把上海工会运动的发展推向了新的高潮，是大革命高潮和工人运动发展的顶峰。起义胜利不久，以蒋介石为首的国民党右派就在上海发动了反革命政变，轰轰烈烈的大革命和工人运动开始遭到破坏而转入低潮。

四一二、四一五和七一五三次反革命政变，使共产党和工人阶级力量遭到严重破坏。以蒋介石为代表的国民党反动派以武力镇压工人运动，疯狂屠杀共产党人和工人领袖，封闭、解散革命工会。据中共六大不完全统计，从 1927 年 3 月至 1928 年上半年，被国民党疯狂杀害的 31 万人中，绝大多数是工会的领导骨干和积极分子。第四次全国劳动大会选举的全国总工会执行委员多数被拘捕杀害。邓培、王荷波、李启汉等工运领袖相继遇难。1927 年 6 月 27 日，中共中央在致第四次全国劳动大会的信中写道："本党李大钊等同志在北京之死难，汪寿华等同志在上海之死难，邓培、李森、刘尔崧等同志在广州之死难，杨昭植等同志在湖南之死难，其惨烈当为中国工人阶级及本党永远不忘之事。"

国民党的反动行径，一开始就遭到了工人阶级的英勇反抗。

1927年8月，全国总工会发表了《反抗压迫工人工会的宣言》，严正声明："现在中华全国总工会秘密组织起来，仍照从前一样指导全国工人的斗争"，号召全国工人赶快团结起来，"向着反动的新旧军阀无耻政客"进攻。

这一时期工人阶级的反抗斗争，主要反映在两个方面：

一是参加工农武装暴动和重建农村革命根据地的斗争。从1927年8月起，中国共产党先后发动了南昌起义、秋收起义、广州起义等大小上百次武装起义。虽然这些起义大都失败了，但从中建立起革命的军队，建立了苏维埃政权，更重要的是中共从此走上了农村包围城市、武装夺取政权的道路。各地工人积极参加了共产党领导的武装起义和创建农村革命根据地的斗争，在其中发挥了骨干作用，并作出了巨大的牺牲和贡献。

二是城市工人进行了反抗国民党白色恐怖的英勇斗争。在1927年大革命失败后的半年多，上海、武汉、广州和其他城市工人及其铁路、海员、矿山工人，或者在共产党和革命工会领导下，或者自发地组织起来，进行了不屈不挠的英勇斗争，反抗国民党反动派的镇压屠杀和中外资本家的反攻倒算。

上述工人的反抗斗争，表现了工人阶级不畏强暴、坚强不屈的革命精神。但是，由于党在白区工运策略上存在着"左"的错误，工人的斗争大都遭到残酷镇压而失败，大批工会干部和工人积极分子遭到逮捕、屠杀或开除，使革命力量再次遭受损失。

井冈山的斗争

被朱德称为“天下第一山”的井冈山，曾诞生了毛泽东等老一辈革命家领导开创的中国第一块农村革命根据地，素以“中国革命的摇篮”而著称，彭真称之为“中华人民共和国的奠基石”。

井冈山革命根据地坐落在江西、湖南两省之交的罗霄山脉中段，横跨“六县一山”，鼎盛时期面积达 7200 多平方公里，人口 50 余万。

毛泽东和他的战友们在这里开创了一条革命新路——井冈山道路，培育了一个精神瑰宝——井冈山精神。井冈山革命根据地的建立，点燃了“工农武装割据”的星星之火，为中国革命的重心工作完成从城市到农村的伟大战略转移，开辟了农村包围城市、武装夺取政权的新道路。井冈山道路是马克思主义中国化的经典之作，革命从这里走向成功。

1927 年，大革命失败后，共产党人走上了武装反抗的道路。秋收起义失利后，毛泽东在湘审时度势，果断决策，放弃了进攻中心城市长沙的原定计划，在文家市作出了“向萍乡退却”的决定。从此，中国革命的重心开始了由城市向农村的战略性转移。

1927 年 9 月 25 日，工农革命军进抵井冈山地境莲花，得悉江西省委提供的可靠信息，决定引兵井冈，随后到达永新，进行了著名的“三湾改编”。10 月初，毛泽东在古城召开前委扩大会议，确定在罗霄山脉中段建立革命根据地。

如同在中国劳动组合书记部成立之初，成功改造湖南劳工会一样，毛泽东在井冈山再一次成功改造了袁文才、王佐的“绿林”武装。他只带几个随员去会见袁文才。袁文才原来还有些害怕，预先在林家祠堂埋伏下二十多人、二十多支枪。见到毛泽东只带了几个人，他才放下心来。见面中，毛泽东充分肯定他们“劫富济贫”的革命性，又指出他们政治目标不明、阶级界限不清等问题，帮助他们提高政治思想水平。袁文才听后十分佩服，对部下说：“跟毛委员一起干革命不会错。”后来，毛泽东又几次上山同王佐交谈。王佐逢人就说：“毛委员是最有学问的人，同他谈上一次话，真是胜读十年书！”

获得袁文才的鼎力支持后，工农革命军进驻茅坪，休养生息，恢复了元气，站稳了脚跟，并与朱德率领的南昌起义余部取得了联系。10 月底，毛泽东会见王佐后，率部进抵茨坪。立足井冈之后，毛泽东精心组织和部署了三大战斗，攻克茶陵、遂川、宁冈三县城，建立了三县红色政权。攻下莲花县城后，原有的莲花县总工会就立即恢复活动，并在城区建立店员工会和铁业工会。同年 11 月攻克茶陵后，共产党员、印刷工人谭震林立即发动工人，重建县总工会。

1928年4月下旬，朱德、陈毅率领南昌起义余部和湘南农军万余人，移师井冈山，与毛泽东率领的秋收起义部队在宁冈砻市会师。“红军荟萃井冈山，主力形成在此间。”井冈山革命根据地的武装力量，从原来的2000多人激增至1万余人。在井冈山，毛泽东、朱德颁布了工农革命军的“三大任务”和“三大纪律、六项注意”，还创造了“敌进我退，敌驻我扰，敌疲我打，敌退我追”的十六字诀，指导红军的游击战争。在毛泽东、朱德领导下，红军击破赣敌四次“进剿”，根据地进入全盛时期。这时，井冈山革命根据地拥有宁冈、永新、莲花三个全县，并延伸至遂川北部、酃县东南部、茶陵西南部以及吉安、安福各一小部。

这一时期，根据地军民在党的领导下，自力更生、艰苦奋斗，创办了军械厂、造币厂、印刷厂以及红色圩场和小井红军医院等，打破了敌人的经济封锁，建设了井冈山和九龙山两个军事根据地。工人群众组建了工人纠察队、工人赤卫队等群众武装，配合协助红军作战。1928年6月，在龙源口战斗中，永新县工人赤卫队300多人，配合红军歼敌一个团。

1929年1月，毛泽东、朱德、陈毅率领红四军从井冈山出发，向赣南、闽西进军，开辟了大片革命根据地，所到之处，号召工人组织工会、农民组织农民协会、工农联合建立革命委员会。沿途张贴毛泽东起草的《红军第四军司令部布告》，宣布红军的宗旨是：“民权革命，打倒列强，打倒军阀，统一中华。”宣传党的各项基本政策：“地主田地，农民收种，债不要还，租不要送。”“增加工钱，老板担任，八时工作，恰好相称。城市商人，积铢累寸，只要服从，余皆不论。”随着革命根据地的开辟，这些地区的工会组织相继建立起来。

虽然红四军主力撤离了井冈山，但是湘赣边界的斗争依然在进行，井冈山“工农武装割据”的星星之火仍在燃烧。各种武装力量依旧活跃在边界的崇山峻岭，百折不挠地开展斗争。

在井冈山，毛泽东不仅在实践上开辟了井冈山革命根据地，而且还在理论上对井冈山斗争的革命经验进行了科学的概括，提出了具有中国特色的农村包围城市、武装夺取政权道路理论。毛泽东写出了著名的《中国的红色政权为什么能够存在？》《井冈山的斗争》和《星星之火，可以燎原》三篇著作，提出了“工农武装割据”的概念，总结了“十六字诀”等红军作战的战术原则和策略思想，至今仍闪耀着真理的光芒。

习近平总书记2016年春节视察井冈山时指出，井冈山是革命的山、战斗的山，也是英雄的山、光荣的山。井冈山时期留给我们最为宝贵的财富，就是跨越时空的井冈山精神。今天，我们要结合新的时代条件，坚持坚定执着追理想，实事求是闯新路，艰苦奋斗攻难关，依靠群众求胜利，让井冈山精神放射出新的时代光芒。

苏区工会工作

在中国共产党领导下的革命根据地，借鉴“苏维埃”的名称和组织形式，建立了工农民主政权，历史上简称为“苏区”，在革命根据地建立的工会，也称为“苏区工会”。在农村包围城市、武装夺取政权的革命道路中，苏区工会担负起了动员和组织工人直接配合、支援革命战争的历史任务，开辟了一个崭新的工人运动领域，在新民主主义革命时期的工人运动中占据着特殊的历史地位。

中共“八七会议”后，确立了土地革命和武装斗争的总方针。毛泽东在井冈山点燃了“工农武装割据”的星星之火，也给中国革命找到了一条生存之道。随着党的斗争策略的调整，党所领导的工人运动也顺应形势而进行了调整，苏区工会随着苏维埃政权的建立应运而生，并发展壮大。

1930 年 5 月，中共中央和中华全国总工会联合发起，在上海秘密召开了全国苏维埃区域代表大会。大会通过了《全国革命的形势和苏维埃的任务》《苏维埃组织法》《土地暂行法》《劳动保护法》等决议案，确定了为全国苏维埃政权而斗争的任务和策略。

《劳动保护法》是全国苏维埃区域第一部比较完备的劳动法规，

共八章四十四条，对工作时间、休息时间、工资、女工及未成年工人、保障与抚恤、工会、社会保险、劳动保护与监察等事项，分别作了具体规定。但是，这部法律是在“左”倾冒险错误思想的指导下制定的，在各苏区未能得到贯彻执行。

1930 年 10 月，全国总工会召开常委扩大会议，对苏区工会问题作出了相应的决定。次年 3 月，在赣西南的吉安富田村建立了中华全国总工会苏区执行局。从此，苏区的工会工作有了组织保障。

苏维埃政权是人民的政权，苏区的工会是建立在工人阶级领导的工农民主政权之下的工会，从一开始就得到了工农民主政权的法律保障，与在白区有着截然不同的特点。

1931 年 11 月 7 日，中华苏维埃第一次全国代表大会在江西瑞金召开。会上选举成立了以毛泽东为主席的中华苏维埃临时中央政府，项英作了关于劳动法的报告，通过了《中华苏维埃共和国劳动法》。

《中华苏维埃共和国劳动法》共十二章七十五条，从法律上保障了苏区工人的政治地位和劳动经济权益，同时规定了工会在苏区的权利义务及其组织办法，对改善苏区工人生活、促进苏区工会运动的发展具有重要意义。但由于它是在推行“左”倾机会主义的中共临时中央领导下制定的，并且是以 1930 年 5 月通过的《劳动保护法》为基础，其内容不仅继承和保留了《劳动保护法》中的一些过“左”的规定，甚至还有增加。其法律条文是按照大城市工人阶级的状况和要求制定的，没有顾及苏区处在经济落后的乡村和残酷战争环境的实际情况，片面地从工人福利观点出发，关于劳动时间、休息、工资、劳动保护、社会保险等方面都有过高过“左”的规定，这是当时苏区公私经济无法承受的。直到刘少奇和陈云到了苏区，才对这些“左”倾错误进行了纠正。1933年10月15日，苏维埃临时中央政府正式公布了修订的《中华苏维埃共和国劳动法》。

1933年初，中华全国总工会随中共中央由上海迁入中央苏区瑞金，将原全总苏区执行局改设为全总苏区中央执行局，同时保留中华全国总工会名义，用以指导全国工人运动。刘少奇任委员长，陈云任副委员长兼党团书记。1933年4月到7月，全总苏区中央执行局先后在瑞金建立了4个全苏区性质的工会，分别是中国农业工人工会、中国苦力运输工人工会、中国店员和手艺工人工会、中国纸业工人工会，使工会组织也得到了发展。

苏区工会的建立和开展工作，给当时还落后的中国农村革命根据地注入了先进生产力的新生命力。毛泽东曾在第二次苏维埃代表大会上对苏区工会给予了高度评价。指出苏区工会是组织坚强的阶级工会，是苏维埃政权的柱石，是保护工人利益的堡垒，是广大工人群众学习共产主义的学校。

苏区建立在经济落后的中国乡村，根本就没有大工业的工人，所以，苏区工人阶级的构成除极少数从大城市与工业区撤退转移的产业工人外，其余的绝大多数是手工业工人、店员、运输工人，还有一部分雇工。尽管存在着一些局限，但苏区工会的创建和开展工作，仍然使得工人阶级成为革命武装力量中的领导力量。从大城市到乡村，从上海到瑞金，从白区到苏区，从轰轰烈烈到血雨腥风，直到走上漫漫长征路，中国工会在特殊的历史背景下艰难地求索。

在苏区工会的努力下，根据地工人积极参加苏区的经济建设，参加苏维埃政权的建设，参加土改和查田运动，甚至直接参军参战，还组建了赫赫有名的红军工人师，工会工作搞得有声有色。

1932 年 8 月 1 日，是南昌起义 5 周年的日子。中华全国总工会苏区中央执行局号召组建的工人师正式成立。工人师整师加入中国工农红军，被编为中央警卫师，下辖 3 个正规团和 1 个补充团。

苏区工会还组建了工人纠察队、工人赤卫队和赤少队等基本不脱离生产的群众武装，配合协助红军作战。苏区 16 岁至 45 岁的工会会员，80% 以上参加了各种工人武装。他们平时站岗放哨，帮助维持地方治安，战时配合红军作战，帮助红军进行侦察、运输和救治伤员等战地勤务。据中央苏区 12 个县的统计，截至 1933 年底，参加红军和游击队的工会会员达到 19960 人，占会员总数的 28%；在红军的新战士中，工会会员占比超过了 20%。在第五次反“围剿”战争的紧急关头，中央苏区大约有半数以上工会会员都参加了红军和游击队。

到 1934 年 3 月，苏区工会会员已达 35 万余人。在全总中央执行局的领导下，各地苏区工会贯彻执行苏维埃政府的劳动法令，改善工人生活，教育和组织工人群众参军参战，支援前线，为革命战争的发展和根据地的巩固作出了巨大贡献。

遵义会议与红军长征

中国工农红军长征是一次世界性的历史壮举，但起因却是由于第五次反“围剿”失利，致使八万多红军被迫退出苏区，实施战略转移。

1934 年 10 月长征开始时，原来推行“左”倾错误战略的中共中央领导人把战略转移变成搬家式逃跑，携带了大量的物资器材。结果，在国民党军的追击、堵截中，虽然红军连续突破国民党军四道封锁线，却损失惨重，渡过湘江后锐减至三万余人。

血的教训使中央领导和广大红军官兵认识到，必须改变战略才能转危为安。毛泽东审时度势，力主放弃原定到湘西与红二、红六军团会合的计划，改向敌人力量薄弱的贵州挺进，以摆脱困境，争取主动。他的主张得到了许多人的赞同。1935 年 1 月，红军进占遵义。15 日至 17 日，中共中央政治局在遵义召开扩大会议，总结了第五次反“围剿”失败的经验教训，肯定了毛泽东关于红军作战的基本原则，制定了红军尔后的任务和战略方针。会议改组了中央领导机构，增选毛泽东为中央政治局常委。会后，政治局常委决定由张闻天代替博古负总责任，并成立了毛泽东、周恩来、王稼祥三人小组，负责指挥红军的行动。遵义会议确立了毛泽东在党中央和红军的领导地位，在最危急关头挽救了党、挽救了红军、挽救了中国革命，是党的历史上一个生死攸关的转折点。

遵义会议后，中央红军在毛泽东的领导下，采取新的战略战术，根据实际情况变化，灵活变换作战方向，迂回曲折地穿插于敌人的重兵之间，在四川、贵州边界四次往返渡过赤水河，使敌人疲于奔命。3 月，红军南渡乌江佯攻贵阳，迫使蒋介石调集云南部队增援。而红军却突然向西挺进，进入云南逼近昆明。待敌增援昆明时，又掉头转向北进，迅速渡过金沙江，至此摆脱了数十万国民党军的围追堵截，取得了战略转移中具有决定性意义的胜利。

中央红军渡过金沙江进入彝族地区，参谋长刘伯承根据党的民族政策，同彝族首领小叶丹歃血为盟，使红军顺利通过彝区。此时，蒋介石调集军队南追北堵，企图凭借大渡河等自然障碍消灭红军。红军先头部队 17 名勇士乘船强渡大渡河成功。主力部队沿大渡河急行军，两天时间赶路 340 里，攻占泸定桥，22 名战士组成的突击队冒着守军密集的火力，攀踏着悬空的铁索，击溃守桥敌军，攻占了泸定城，中央红军全部渡过天险大渡河，取得了长征中又一次重大胜利。

此后，中央红军以坚韧不拔的毅力，翻越海拔 4000 多米、终年积雪、空气稀薄的夹金山。此时，红四方面军正分路西进，先头部队攻占懋功，一部前出达维。1935 年 6 月 12 日，中央红军先头部队和红四方面军一部在达维会师。18 日，中共中央、中革军委率领中央红军到达懋功地区。两大主力红军会师，兵力达到十万多人，为粉碎国民党军的进攻，开创新局面创造了条件。

6月26日，中共中央召开两河口会议，确定了红一、红四方面军会合后的战略方针，决定共同北上，首先取得甘肃南部，创建川陕甘苏区，使苏维埃运动放在更巩固、更广大的基础上，以争取西北各省以至全中国的胜利。据此，中革军委制订了夺取松潘的战役计划，朱德任红军总司令，张国焘为总政委。

但张国焘自恃红四方面军有八万多人，实力雄厚，个人野心膨胀，更另立“中央”，公然分裂党，遭到朱德、刘伯承等人的坚决斗争，中共中央也责令张国焘停止一切反党活动。1936年6月，张国焘不得不取消伪“中央”，同意红四方面军与红二、红六军团组成的红二方面军会师，共同北上。10月9日，红一、红四方面军在甘肃会宁会师 。10月22日，红一、红二方面军在宁夏西吉县将台堡会师。它预示着中国革命新局面的开始。

2016年10月，习近平总书记在纪念红军长征胜利80周年大会上指出，历史是人民创造的，英雄的人民创造英雄的历史。今天中国的进步和发展，就是从长征中走出来的。一个不记得来路的民族，是没有出路的民族。不论我们的事业发展到哪一步，不论我们取得了多大成就，我们都要大力弘扬伟大长征精神，在新的长征路上继续奋勇前进。

在新的长征路上，我们一定要保持理想信念坚定，不论时代如何变化，不论条件如何变化，都风雨如磐不动摇，自觉做共产主义远大理想和中国特色社会主义共同理想的坚定信仰者、忠实实践者，永远为了真理而斗争，永远为了理想而斗争。

中国共产党与抗日战争

抗日战争是中国人民反抗日本帝国主义侵略的伟大的民族革命战争，是国际反法西斯战争的重要组成部分，也是一百多年来中国人民反对外敌入侵第一次取得完全胜利的民族解放战争。这场战争是以国共两党合作为基础，有社会各界、各族人民、各民主党派、社会各阶层爱国人士和海外侨胞广泛参加的全民族抗战。

1931 年，日本帝国主义发动了“九一八事变”，国民党政府采取不抵抗政策，导致东北三省全部沦陷。但在事变的第三天，中共中央就发表了《中国共产党为日本帝国主义强暴占领东三省事件宣言》，号召全国人民动员起来，反抗日本侵略，并且组织、领导东北人民抗日武装，开始了长达 14 年的抗战。

1935 年 10 月 1 日，中国共产党发表八一宣言，提出建立抗日民族统一战线的主张。1937 年“七七事变”，全民族抗日战争全面爆发。面对民族危亡的严重形势，中国共产党率先捐弃前嫌，主张国共停止内战，一致对外，共同挽救中华民族。8 月，中共中央在陕北洛川召开政治局扩大会议，通过了《抗日救国十大纲领》，作为领导全国人民争取抗战胜利的根本方针。会议决定：坚持抗日战争中无产阶级的领导权；深入敌后放手发动群众，开展独立自主的游击战争，开辟敌后游击战场，建立抗日根据地；在国统区放手发动抗日的群众运动，争取全国人民应有的政治经济权利；确定以减租、减息作为抗日战争时期解决农民问题的基本政策。会议还决定：人民军队实行军事战略转变，即由过去的正规军运动战，转变为游击军游击战；人民军队的基本任务是创建抗日根据地，牵制消灭敌人，配合友军作战；人民军队的战略方针是独立自主的山地游击战，包括在有利条件下的运动战。

在中国共产党的倡议和督促下，1937 年 9 月，国共两党抗日民族统一战线正式宣告成立，陕甘宁革命根据地改称陕甘宁边区政府，陕北红军改编为国民革命军八路军，下辖 115 师、120 师、129 师，全军约 4.6 万人，随即东渡黄河，进入山西战场，投入对日作战。115 师在平型关的大捷，是全国抗战开始以来中国军队取得的第一次大胜利，它粉碎了“日军不可战胜”的神话，极大地振奋了全国军民抗战的信心，提高了共产党和八路军的威望。随后八路军配合国民党军进行的忻口会战，是国共合作抗日配合较好的一次战役。

1937 年 11 月太原失守后，抗日战争中形成了互相配合的两个战场，一个是主要由国民党军队担负的正面战场，另一个是主要由共产党军队担负的敌后战场。与此同时，八路军着手创建抗日根据地，115 师以恒山为依托，创建了晋察冀抗日根据地；120 师进入管涔山脉，创建了晋西北抗日根据地；129 师以太行山为中心，创建了晋冀鲁豫抗日根据地。至此，“在华北，以国民党为主体的正规战争已经结束，以共产党为主体的游击战争进入主要地位”。

在南方，根据国共谈判达成的协议，南方八省红军游击队于1937年10月改编为国民革命军新编第四军，下辖四个支队，全军1万余人，挺进长江南北，先后开辟了皖南、皖中等敌后根据地，开展了华中地区敌后游击战争。

1938年冬，中共中央作出新的战略决策，将原在山西山区的八路军三大主力分别向河北、山东挺进，在冀南、冀中、冀鲁豫和山东开辟新的抗日根据地，大大加强了平原地区的抗日斗争。新四军各部也利用山区和河湖港汊等复杂地形开展游击战。

敌后根据地军民开展广泛的抗日游击战争，灵活机动地不断打击敌人的同时，抗日根据地和人民军队也有了很大发展，到1940年，八路军、新四军发展到50万人，先后建立了晋察冀、冀中、晋冀豫、晋绥、苏南、苏北、淮南、皖东、东江和琼崖等抗日根据地，人口约一亿。敌后战场抗击着半数以上的侵华日军和大部分伪军。1940年8月至12月，华北八路军发动震惊中外的百团大战，对河北、山西的日伪军进行了大规模破袭战，发生大小战斗1800余次，攻克据点2900余个，毙伤日伪军2.5万余人，给敌人以沉重打击，振奋了全国民心，也有力驳斥了所谓共产党“游而不击”的谬论。

1941年和1942年，是敌后抗日根据地最困难的时期。这是因为，一方面，国民党顽固派反共活动猖獗，三次掀起反共高潮；另一方面，日军推行“治安肃正”计划，对抗日根据地“扫荡”“蚕食”“清乡”，实行“囚笼政策”。抗日根据地粮食、棉布、医药和日用品匮乏，财政状况和军民生活处于交困状态。

为了战胜严重困难，中共中央先后重申和制定了包括对敌斗争、精兵简政、统一领导、拥政爱民、审查干部、时事教育、“三三制”政权和减租减息等“十大政策”，并且开展了轰轰烈烈的大生产运动，提高了劳动生产率，改善了军民生活，密切了干群关系，渡过了严重的经济困难，实现了“自己动手，丰衣足食”，并且为敌后战场发动局部反攻和全面反攻奠定了基础。

从 1944 年开始，在世界反法西斯战争胜利发展的形势下，抗日根据地各战场对日军开始反攻。当豫湘桂战役国民党军节节溃败时，八路军组成南下支队向豫、鄂、湘、粤敌后挺进，开辟了新的抗日根据地。1945 年，八路军、新四军对日军发动夏季攻势作战，打通了各解放区的联系，取得了主动地位，逐步实现由游击战向运动战的转变，为转入全面反攻创造了重要条件。

1945 年 8 月 15 日，日本宣布投降，抗日战争取得了最后胜利。

中国人民抗日战争胜利 75 年来，中国发生了翻天覆地的变化。中国共产党团结带领全国各族人民发愤图强、艰苦创业，创造了举世瞩目的发展成就，成功开辟了中国特色社会主义道路，中国特色社会主义进入新时代，脱贫攻坚战、全面建成小康社会胜利在望，中华民族伟大复兴迎来了光明前景。

抗日根据地的工人运动和劳动模范

八路军、新四军挺进敌后，先后建立了晋察冀、晋西北、晋冀豫、晋西南、山东、苏南、苏中、淮皖中、鄂豫皖等抗日根据地，陕甘宁边区更成为“大本营”。

中共中央对根据地的工人运动非常重视。鉴于中华全国总工会实际上停止了活动，为加强对全国特别是各抗日根据地工人运动的领导，1939 年 4 月，中共中央在延安恢复成立职工运动委员会（简称中职委），1940 年 2 月 7 日，中职委创办了《中国工人》月刊。历史上，《中国工人》创办于 1924 年，于 1924 年至 1928 年相继出版了 13 期杂志，1940 年是《中国工人》第二次创刊。此次创刊，毛泽东亲自为之题词，并撰写了《发刊词》。

值得一提的是，这篇《发刊词》至今仍然收录在《毛泽东选集》第二卷。

党中央对工会建设和工作作出了一系列指示，规定了根据地工会工作的方向和任务：动员工人参战，争取抗战胜利；积极参加根据地建设，使工人成为统一战线的模范，成为团结根据地人民的中心；组织城市及乡村工人到工会来，使工会成为有广大工人群众基础和有广泛民主的团体；以马列主义教育工人。

根据地的工人运动在党中央和中职委领导下，开展得如火如荼。根据地的工会组织也随着根据地的建立而建立、发展而发展，在党的领导下工作，得到政府的大力支持，各根据地都有了完善的工会组织机构。到 1945 年初，全国各根据地工会会员已发展到了 92 万人之众。工人群众不仅踊跃参加八路军、新四军，参加反扫荡战斗，还普遍组织民兵、工人自卫军和工人游击队。工人们一手拿枪一手拿锤，边生产边战斗，成为一支抗日的有生力量。

为了抗战的需要，根据地工会发动和组织工人创建和发展战时工业，广大职工自力更生、艰苦奋斗，在缺乏资金、设备和技术资料的情况下，因陋就简，因地制宜，在根据地建立起了近代工业，生产民用工业品和军工产品。

说到军工生产，不能不提到新四军兵工事业的创建者和新中国兵器工业的开拓者吴运铎。1939 年，吴运铎加入中国共产党，被派到皖南的新四军司令部修械所，在农舍的茅草棚子里开始了军工生涯。在 10 年的革命战争生活中，吴运铎随兵工厂从皖南到苏北，再到淮南，然后转战淮阴、沂蒙山，后又渡海到东北的大连。在艰苦的革命战争岁月，吴运铎带着 7 个学徒，每年为前线生产子弹 60 万发。为了研发枪弹，他四次负重伤，全身留下 200 多处炸伤，4 根手指被炸断，左眼被炸瞎，一条腿被炸断，被誉为“中国的保尔·柯察金”。1952 年，吴运铎的自传体小说《把一切献给党》由中国工人出版社出版，在全国引起很大反响，还被译成俄文、乌克兰文、蒙古文、朝鲜文、日文、英文，在许多国家发行。这本书影响了几代中国人。

在“自力更生，丰衣足食”的大生产运动中，根据地工会发现了延安农具厂工人、共产党员赵占魁这个典型，他始终保持模范工人本色，吃苦耐劳，从不计较个人得失；善于改进和创造新工艺，使产品数量和质量大幅度提高；他团结同志，乐于助人，是非分明，坚持原则，敢于同不良现象做斗争，是有觉悟的工人模范。中职委总结了他的经验、事迹，决定树立赵占魁为全边区工人学习的榜样，开展一个以改造劳动态度、提高劳动效率和产品质量为目的的群众性运动和劳动竞赛，并且取得了良好效果。

1943 年 5 月 1 日，中共中央作出了《关于目前各抗日根据地职工运动的决定》，把普遍开展“赵占魁运动”作为根据地职工运动的基本任务之一。这样，各抗日根据地普遍开展了“赵占魁运动”，并且各自树立起赵占魁式的英雄模范，作为工人学习的榜样。如晋冀鲁豫边区开展了“甄荣典运动”，晋绥边区开展了“张秋风运动”等。“赵占魁运动”形成了蓬勃的大规模的群众性的运动。到解放战争时期，各解放区开展的新生产者运动、增产立功运动等都是“赵占魁运动”的继续和发展。

“赵占魁运动”一直坚持到抗战胜利，所起到的作用和取得的成果是巨大的，同时创造了丰富的工会工作经验。赵占魁运动之所以得到工人群众的热烈拥护和踊跃参加，并发展成为广泛而持久的群众性的生产竞赛运动，首先是因为这个运动的方向是正确的。开展思想政治教育、提高工人政治觉悟、端正劳动态度是推动发展生产的中心环节。运用典型经验、组织开展群众性运动是动员工人群众发展生产的好方法。正如当时陕甘宁边区在总结经验时指出的：当领导没有明确提出开展运动之前，“一些真正的劳动英雄和模范工作者就存在于群众之中，并起了一定的作用，影响了周围的人……为了更加强和扩大这作用以提高生产，才明确地提了出来，加以表扬和奖励，因为表扬和奖励劳模，在群众中普遍地宣传推广，刺激了群众生产情绪，并能组织起群众性的生产运动”。

1945 年 2 月 1 日，中共中央发出《关于成立解放区职工联合会的指示》，并决定于同年 11 月在延安召开解放区职工代表大会，正式成立解放区职工联合会。孰料抗战胜利来得极为迅速，政治、军事形势急剧变化，以至这个大会还来不及召开，日本侵略者就投降了。中国工人运动迈入新阶段。

延安整风运动

从 1942 年春天起，中国共产党在延安开展了一次全党范围、历时 3 年的整风运动，其主要任务是，反对主观主义以整顿学风，反对宗派主义以整顿党风，反对党八股以整顿文风。延安整风运动是中共历史上极其重要的一页，也是国际共产主义运动中的创举。

中国共产党之所以要进行这样一场整风运动，有着深刻历史背景，也是中国共产党领导中国革命事业继续前进的客观需要。中国共产党成立 20 多年来，中国革命取得了许多胜利成果，也经历了多次失败和挫折，有经验也有教训。其中以王明为代表的教条主义给中国革命带来的危害最为严重，其在土地革命战争后期的“左”倾错误和抗战初期的右倾错误虽然被批判和纠正，但没有来得及在全党范围内进行系统总结，特别是在思想方法、思想路线上需要加以彻底解决。

1938 年，党的六届六中全会提出“使马克思主义在中国具体化”的任务，1941 年 5 月，毛泽东作了《改造我们的学习》的报告，主张将全党的学习方法和学习制度来一个改造。同年 9 月、10 月召开的中共中央政治局扩大会议，学习和研究党的历史。会上，毛泽东批评了长期在党内占统治地位的主观主义思想路线，使与会同志受到很大启发和教育，在政治路线上分清了是非，达到了基本一致的认识，为全党开展整风运动准备了条件。

1942年2月，毛泽东先后作了《整顿党的作风》和《反对党八股》的讲演，整风运动在全党范围内普遍展开。中共中央成立了由毛泽东主持的总学习委员会，学习分发动、学风学习、党风学习、文风学习、总结党的历史经验五个阶段。

这次整风最主要的任务是反对主观主义。主观主义是中国共产党内反复出现"左"倾、右倾错误的思想认识根源，其实质是理论脱离实际，颠倒了认识和实践的关系，是实际工作中的唯心主义。当时它的主要表现形式是教条主义和经验主义，尤其教条主义是整风运动的重点。毛泽东着重指出，必须把马克思主义的普遍原理与中国革命的具体实际紧密结合起来，把马克思主义中国化。他突出强调了"实事求是"的重要性，通过整风，使全党确立了一条实事求是的辩证唯物主义的思想路线，使干部在思想认识水平上大大地提高一步。

反对宗派主义以整顿党风。毛泽东认为，宗派主义是主观主义在组织关系上的一种表现，它妨碍了党内的统一和团结，必须加以反对。反对党八股以整顿文风。毛泽东指出，党八股是主观主义和宗派主义的宣传工具和表现形式，因此必须反对党八股，才能使主观主义和宗派主义无藏身之地，实事求是、生动活泼的创造精神才能发扬，马克思主义才能得到广泛的传播和发展。

整风运动中，中共中央十分重视党的思想建设，特别是对党员的思想政治教育。陈云的《怎样做一个共产党员》与刘少奇的《论共产党员的修养》等被列为整风学习的重要文件，对提高党员的党性修养起了重大作用。

整风运动的方针是“惩前毖后，治病救人”，达到既要弄清思想又要团结同志的目的。这是与“左”倾路线所实行的“残酷斗争、无情打击”相反的。在整风运动中，全党党员，特别是党的高级干部，认真学习马克思主义著作和党的整风文献，联系党的历史，联系个人的思想和工作实际，开展批评与自我批评，端正了思想路线，增强了运用马克思主义的立场、观点、方法解决中国革命实际问题的自觉性和能力。

延安整风期间，中共中央在 1942 年 5 月召开延安文艺座谈会，毛泽东在会上发表讲话并作总结，阐明了革命文艺为人民服务，首先为工农兵服务的根本方向，系统地回答了文艺运动中许多有争论的问题，强调革命文艺工作者必须从根本上解决立场、态度问题。会后，文艺界开始整风学习。

1943 年 10 月，中共中央决定高级干部进一步研究和讨论党的历史问题，在整顿“三风”的基础上，对党的历史经验特别是党史上几次大的路线错误进行全面、系统的总结并作出结论。通过学习和讨论，大家普遍提高了马克思主义理论水平，端正了思想方法和政治路线，更好地认识党史上的重大路线是非问题，从而使党在政治上、思想上、组织上达到了空前团结和统一。在充分讨论和反复修改的基础上，1945 年 4 月 20 日，党的六届七中全会通过了《关于若干历史问题的决议》，系统总结了党在各个时期的经验教训，对党史上的若干重大问题作出结论，并且高度评价了毛泽东对马克思主义中国化的杰出贡献。至此，延安整风胜利结束。

1945 年，党的七大确立毛泽东思想为党的指导思想并写入党章，标志着马克思列宁主义同中国实际相结合形成了第一次大的历史性飞跃，是马克思主义中国化的第一个重大理论成果。从此，毛泽东思想便成为中国共产党和全国人民的一面旗帜，指导中国革命与建设事业不断从胜利走向胜利。

延安整风运动是对全党进行的一次普遍的马克思主义教育运动和伟大的思想解放运动，它极大地加强了全党的思想统一和团结，丰富了马克思主义的建党学说。历史已经证明，经过延安整风运动，我们党初步确立了实事求是的思想路线，克服了长期盛行的把马克思主义教条化、把共产国际指示神圣化和绝对化的错误倾向，扫清了马克思主义中国化的障碍，极大地推动了它的历史进程，为中国共产党第七次全国代表大会的召开和抗战的胜利奠定了思想基础。

党的七大

在抗日战争即将取得胜利的前夕，1945 年 4 月 23 日至 6 月 11 日，中国共产党第七次全国代表大会在延安召开。出席大会的代表共 755 名，其中正式代表 547 名，候补代表 208 名，分为中直（包括军直系统）、西北、晋绥、晋察冀、晋冀鲁豫、山东、华中和大后方 8 个代表团，代表着全党 121 万名党员。这次大会距 1928 年召开的党的第六次全国代表大会已过去了 17 年，负有总结以往革命经验和迎接抗日战争胜利的使命。大会的工作方针是，团结一致，争取胜利。

党的七大开幕式会场的主席台上方，悬挂着毛泽东和朱德的巨幅画像，鲜艳的党旗挂在两边。会场后面的墙上挂着“同心同德”四个大字，两侧墙上张贴着“坚持真理”“修正错误”等标语，靠墙边插着 24 面红旗，象征着中国共产党 24 年奋斗的历程。插红旗的“V”字形木座是革命胜利的标志。

毛泽东向大会提交了《论联合政府》的书面政治报告，并就报告中的一些问题以及其他问题作了长篇口头报告。朱德作《论解放区战场》的军事报告和关于讨论军事问题的结论，刘少奇作《关于修改党章的报告》和关于讨论组织问题的结论，周恩来作《论统一战线》的重要讲话。大会充分发扬民主，对重要报告进行了认真深入的讨论，尤其对毛泽东的政治报告，先后讨论修改达9次之多。

刘少奇在党的七大《关于修改党章的报告》中，深入论述了毛泽东和毛泽东思想在中国革命中的地位和作用，对毛泽东思想作了较为全面、系统和科学的概括，揭示了毛泽东思想的丰富内涵和本质特征，使全党对毛泽东思想有了比较完整的认识和深刻的理解。

党的七大原定会期较短，但大会发言踊跃，人数突破了原定安排，讨论也十分热烈，代表们纷纷要求延长会期。经过充分、深入的讨论，大会一致通过了关于政治、军事、组织方面的报告，通过了政治决议案、军事决议案和新的党章。

党的七大的一个重大历史功绩是确定了党的政治路线。大会分析了国内外的政治形势，总结了新民主主义革命的经验，阐述了新民主主义基本理论，制定了党的政治路线，即“放手发动群众，壮大人民力量，在我党的领导下，打败日本侵略者，解放全中国，建立一个新民主主义的中国”。为此，党的七大再次提出“废止国民党一党专政，建立民主的联合政府”的口号。大会认真总结了进行新民主主义革命的“三大法宝”——武装斗争、统一战线和党的建设的经验，深刻论述了党领导人民进行革命斗争的三大作风——理论和实践相结合、密切联系群众、批评和自我批评的意义，使全党的认识在马克思主义、毛泽东思想的基础上统一起来。

党的七大的另一个重大历史性贡献是将毛泽东思想确立为全党一切工作的指导方针，写在了党的旗帜上。党的七大通过的新党章指出："毛泽东思想，就是马克思列宁主义的理论与中国革命的实践之统一的思想，就是中国的共产主义，中国的马克思主义。"党章规定：中国共产党以马克思列宁主义的理论与中国革命的实践之统一的思想——毛泽东思想，作为自己一切工作的指导方针，反对任何教条主义的或经验主义的偏向。

大会选举产生了新的中央委员会和中央领导机构。其中，中央委员 44 人，中央候补委员 33 人。随后召开的七届一中全会，选举毛泽东、朱德、刘少奇、周恩来、任弼时、陈云、康生、高岗、彭真、董必武、林伯渠、张闻天、彭德怀为中央政治局委员；选举毛泽东、朱德、刘少奇、周恩来、任弼时为中央书记处书记；选举毛泽东为中央委员会、中央政治局主席；选举任弼时为中央秘书长。这是一个具有很高威信的、能够团结全党的坚强的领导集体。

1945 年 6 月 11 日，大会举行隆重的闭幕式。毛泽东致闭幕词。他说："我们开了一个胜利的大会，一个团结的大会。"他在闭幕词中向全党发出了鼓舞人心的号召："下定决心，不怕牺牲，排除万难，去争取胜利。"毛泽东的这篇闭幕词，会后经整理修改后，以《愚公移山》为题，收入《毛泽东选集》第三卷，成为马列主义、毛泽东思想的经典之作。

党的七大是中国共产党在新民主主义革命时期极其重要的一次，也是最后一次代表大会。它总结中国新民主主义革命 20 多年曲折发展的历史经验，制定了正确的路线、纲领和策略，克服了党内的错误思想，使全党特别是党的高级干部对于中国民主革命的发展规律有了比较明确的认识，从而使全党在马克思列宁主义、毛泽东思想的基础上达到了空前的团结，为党领导人民去争取抗日战争的胜利和新民主主义革命在全国的胜利，奠定了政治上、思想上和组织上的深厚基础。党的七大之后，全党在毛泽东思想的指引下，团结一致，为推进中国革命的历史进程努力奋斗，终于在1949年取得了新民主主义革命的伟大历史胜利。

解放战争

抗日战争胜利时，中国共产党已经成为有120多万党员的大党，抗日根据地的面积近100万平方公里，人口近一亿，人民军队发展到120余万人，民兵发展到220万人。中国共产党在中国社会生活中所占的地位同抗战初期大不相同了。

抗战胜利后的局势发展有两个前途：中国共产党力图避免内战，争取通过和平道路建设一个民主、富强的新中国；蒋介石坚持独裁和内战方针，必欲消灭共产党。国共两党为决定中国命运，必然有一次生死较量。

日本投降后，蒋介石一方面以中国战区统帅的名义命令日军就地集中待降，命令八路军等中共所属武装力量就地待命，却命令国民党军加速向日军占领区进军受降；另一方面又接连发出电报，三次邀请毛泽东到重庆和谈，实际上为准备内战争取时间。毛泽东、周恩来、王若飞前往重庆与国民党谈判。1945年10月10日，国共双方签订了以和平建国为宗旨的“双十协定”。

中共在争取和平、民主的同时，没有丧失警惕，指挥所属武装力量积极向日军进攻，收复失地，并且做好自卫战争的准备。特别是制定了“向北发展，向南防御”的战略方针，让出南方八块革命根据地，将部队北撤，巩固华北、华中根据地，集中力量控制具有战略地位的东北地区。国共双方军队围绕受降和接收问题发生了多次武装冲突。1946年1月，美国特使马歇尔赴华“调停”内战，国共又签订了《停战协定》，双方一度短暂合作。

1946年6月26日，国民党以30万军队向中原解放区发动了全面进攻，全国解放战争由此开始。到1947年6月，人民军队处于战略防御阶段，战争主要在解放区进行。其中，前八个月粉碎了国民党的全面进攻，后四个月打破了国民党的重点进攻。1946年11月，国民党军攻占中共晋察冀政治军事中心张家口后，撕毁政协决议，在南京召开了一党独裁的“国民大会”，通过了所谓《中华民国宪法》，国共关系彻底破裂。

1947年7月，人民军队开始战略反攻，将战争引向广大国民党统治区。刘伯承、邓小平率领大军强渡黄河，千里挺进大别山，直接威胁国民党的统治中心南京及武汉；陈毅、粟裕领导下的华东野战军挺进豫皖苏；陈赓兵团挺进豫西。三路大军互相策应，在黄河与长江之间的广大地区形成了“品”字形的战略态势，使中原地区由国民党军进攻解放区的重要后方变成了人民军队夺取全国胜利的前进基地。这次对战争发展具有重大战略意义的胜利，带动了各个战场的战略进攻，整个战争格局从此发生根本性的转变。在东北，解放军连续发动秋季、冬季攻势，将东北国民党军压缩在锦州、沈阳与长春几个孤立的据点；在华北，解放军相继攻克冀中枢纽石家庄、晋南重镇临汾。此外，华东野战军发动了豫东战役，西北野战军取得宜瓦战役胜利。10 月 10 日，中共中央以中国人民解放军的名义发表宣言，明确提出了“打倒蒋介石，解放全中国”的口号。

1948 年 9 月 16 日，人民解放军发动战略决战。济南战役揭开了战略决战的序幕，既是人民军队攻克敌人重点设防的大城市的开端，也是蒋介石以大城市为主的“重点防御”体系总崩溃的开始。此后，历经辽沈战役、淮海战役、平津战役三大战役后，国民党军队实力快速缩减，节节败退。美联社对此评论道：“自今而后，共产党要到何处就到何处，要攻何城就攻何城，再没有什么阻挡了。”

1948 年 9 月 12 日，东北野战军集中了 53 个师 70 余万人，发起辽沈战役，历时 52 天。解放军主力首先攻占锦州，形成“关门打狗”之势，同时在塔山和黑山阻击了增援的国民党侯镜如兵团和廖耀湘兵团；10 月 21 日，长春郑洞国率部起义后，东北野战军在辽西围歼廖耀湘兵团，并于 11 月 2 日攻占沈阳，辽沈战役歼灭国民党军 47 万余人，东北全境获得解放。

淮海战役于 11 月 6 日发起，人民解放军华东、中原两大野战军经过 66 天紧张艰苦的战斗，由刘伯承攻占宿县，截断徐州退路一举改变形势，陈毅、粟裕分别在碾庄、双堆集、陈官庄地区歼灭黄百韬兵团、黄维兵团和杜聿明集团，歼灭国民党军 55.5 万人，使长江以北的华东、中原地区基本上获得解放。

平津战役于 11 月 29 日发起，历时 64 天，华北杨成武部在新保安歼灭国民党35军，第四野战军攻克天津并包围北平，迫使傅作义接受改编，国民党军队52万余人被歼灭和改编，使华北地区除太原、大同、新乡等少数据点及绥远西部外，全部获得解放。

1949年4月，以周恩来为首席代表的中国共产党代表团同以张治中为首席代表的国民党政府代表团在北平举行和平谈判，4月15日，中共代表团将《国内和平协定》最后修正案送交国民党代表团，但南京国民党政府拒绝接受这个协定，谈判宣告破裂。

1949年4月20日，人民解放军发起渡江战役，在千里战线上强渡长江，击溃沿江防御的国民党军，4月23日解放南京，国民党对全中国的统治宣告终结。此后，解放军向全国进军，陆续扫除了残余的国民党军，解放了全中国。

解放战争的胜利，在中国大陆结束了极少数剥削者统治广大劳动人民的历史，结束了帝国主义、殖民主义奴役中国各族人民的历史。占人类总数四分之一的中国人民获得解放，改变了世界政治力量对比，对国际局势和世界人民革命斗争的发展具有伟大而深远的影响。

六次劳大和中华全国总工会的重建

1948 年 8 月 1 日至 22 日，解放区职工代表大会在哈尔滨隆重开幕。出席大会的既有解放区的职工和工会代表，也有国统区城市工人及各产业部门代表，中国劳动协会作为团体会员派代表出席。518 名代表代表着全国有组织的职工 283 万余人。这是自 1929 年五次劳大以来，中国工会历史上一次人数众多、代表广泛的空前盛会。这时的中国工会，在党的领导下，经过长期的革命斗争，不仅发展成了一支强大的有组织的力量，而且工人阶级的构成和素质也有了空前的提升。

在大会预备会议上，全体代表一致决议，将本次大会定名为第六次全国劳动大会，由大会产生全国性工会组织，并决定恢复中华全国总工会。

中共中央向大会的祝词中指出，六次劳大的召开，宣告了国民党反动集团在全国工人中的分裂政策已经最后破产，全国工人运动重新在革命的旗帜下统一起来。当前，工人阶级的最大任务就是首先团结自己，并以自己的英勇奋斗与自我牺牲精神去团结农民、独立劳动者、自由职业者、知识分子、自由资产阶级与一切爱国分子，帮助人民解放军坚决彻底地歼灭国民党的反动军队，推翻美帝国主义与国民党反动集团的统治，建立独立自由强盛和统一的新中国。

大会通过了纲领性文件《关于中国职工运动当前任务的决议》，它阐明了工人阶级在进行彻底推翻美帝国主义及国民党反动统治集团在中国的统治、建立新民主主义的人民共和国的伟大斗争中，应该而且必须站在最前列，成为各民主阶级人民革命的领导者。中国工人阶级的历史任务，不仅要夺取、保持和巩固新民主主义革命的胜利，而且要在此基础上实现社会主义的前途。《决议》还指出，发展解放区工业生产是解放区工会特别重要的任务。工会工作要遵循党的“发展生产、繁荣经济、公私兼顾、劳资两利”的总方针，团结全体职工积极劳动，遵守纪律，保护职工的日常利益；教育职工提高觉悟，提高文化水平和技术业务能力，积极参加新民主主义的国家政权、军队、经济、文化各方面的建设工作。

六次劳大的召开，在民主革命时期中国工会史上具有十分重要的意义。大会恢复重建了中华全国总工会，实现了全国工会组织的统一。大会选举产生了全国总工会第六届执行委员会，陈云、李立三、朱学范、刘宁一、李颉伯等 53 人当选为委员。全国总工会六届执委会首次全体会议，推选陈云为全国总工会主席，李立三、朱学范、刘宁一为副主席。1949 年 5 月，全国总工会常委扩大会议推选刘少奇为中华全国总工会名誉主席。

六次劳大后，人民解放战争的节节胜利，使华北成为战争的大后方，它的稳固关系着政权的巩固，也关系着解放全中国的胜利。

如何组织工人群众开始经济建设，发展工农业生产，成为中国工会工作的重中之重。

1949 年 5 月 2 日至 11 日，全国总工会在天津召开了华北第一届职工代表会议，会议的主要议题就是“动员和组织华北全体职工，恢复与发展工业生产，同时帮助农民改进技术，提高农业生产，支援解放军南下，迅速夺取全国胜利”。刘少奇在会上作了重要讲话，提出了将战时工业转化为平时工业的途径和方法，并对国营企业的生产计划、工厂民主化管理、工资待遇和工会组织等问题提出了指导性意见。刘少奇的讲话不仅有高屋建瓴的原则性、方针性的指导，更有全面、周到、细致的具体考虑，使与会人员从理论和操作层面上受益良多。

会议作出了《关于在国营公营企业中建立工厂管理委员会与工厂职工代表会议的决定》及其《实施条例》、《关于在华北国营公营企业中制订集体合同的决定》和《集体合同的纲要草案》三个重要文件，革除了国民党统治时期工矿企业中遗留下来的不合理规章制度，规定了企业实现民主管理的实施步骤，协调了工厂行政和工会的关系，稳定了生产和生活秩序，保障了职工的实际收入，调动了广大职工的生产积极性，从而保证了新民主主义劳动政策的全面贯彻，有力地推动了生产的恢复和发展。

1949 年 7 月 23 日，全国总工会在北平召开了全国工会工作会议，中心议题就是讨论和解决工会组织问题。夺取政权后面临的劳资关系问题关涉着工会工作的方向，也被列为重要议题。中共中央十分重视这次会议，毛泽东、周恩来、朱德等领导人都到会发表重要讲话。毛泽东在讲话中，进一步阐明了在工会组织建设中团结大多数的思想，提出了党政工共同搞好生产的根本任务，成为当时和新中国成立后工会的指导方针。会议确定全国工会工作的中心任务是，在一年左右的时间内基本上把全国工人阶级，首先是把产业工人组织起来，担负起领导和建设新中国的历史任务。

会议确定了“公私兼顾、劳资两利”的方针，并指出按行业订立劳资集体合同是目前解决劳资关系的中心环节，通过了《关于劳资关系的暂行办法》《关于私营工商业劳资双方订立集体合同的暂行办法》和《关于劳资争议解决的暂行规定》。这些文件为各地政府劳动部门和工会正确处理劳资关系提供了依据。

新中国成立前夕全国总工会召开的这两个会议，为这一特殊时期的工会工作奠定了一个良好的基础，也使战乱后百废待兴局面的改变有了遵循。中国工会不仅有统一的组织，见证了天翻地覆的历史时刻，而且开始成为这段历史的重要力量。

党的七届二中全会

中国共产党七届二中全会于1949年3月5日至13日在河北省平山县西柏坡举行，这是解放战争时期中共召开的唯一一次中央全会，会议作出的各项决策，不仅对迎接中国革命的胜利，而且对新中国的建设有重大作用，是中国共产党为建立新中国奠基的一次具有深远历史意义的会议。

全会听取并集中讨论了毛泽东代表中央政治局所作的报告，确定了促进革命迅速取得全国胜利的各项方针，着重讨论了党的工作重心战略转移问题，规定了党在全国胜利后的各项基本政策，以及使中国由农业国转变为工业国，由新民主主义社会转变为社会主义社会的总的任务和主要途径。

全会认为，经过辽沈、平津和淮海三大战役后，敌我力量已经发生了根本变化，党的工作重心应该由乡村转向城市，实行由城市领导乡村的工作方式。党必须用极大的努力去学会管理城市和建设城市。在领导城市工作时，党必须全心全意地依靠工人阶级，吸收大量工人入党，团结其他劳动群众，争取知识分子，争取尽可能多的能够同共产党合作的民族资产阶级及其代表人物，以便向帝国主义者、国民党统治集团、官僚资产阶级作政治斗争、经济斗争和文化斗争，并向帝国主义者作外交斗争。

全会分析了全国胜利后的社会基本矛盾：一是国内的，即工人阶级和资产阶级的矛盾；二是国外的，即中国和帝国主义国家的矛盾。由于这些基本矛盾的存在，会议强调要巩固和加强无产阶级领导的以工农联盟为基础的人民民主专政，要强化无产阶级领导的人民共和国的国家制度。一方面，党要认真团结全体工人阶级、全体农民阶级和广大革命知识分子，这是无产阶级专政的领导力量和基础力量；另一方面，党要团结尽可能多的能够和我们合作的小资产阶级和民族资产阶级的代表人物、它们的知识分子和政治派别，以便孤立反革命分子。同时，党必须坚持同党外民主人士长期合作的政策，必须把党外大多数民主人士看成自己的干部，使他们在工作岗位上有职有权地工作。

全会明确指出，党要立即着手各项建设事业，将恢复和发展城市中的生产作为中心任务。城市中的其他工作，都必须紧紧围绕着生产建设这个中心工作并为这个中心工作服务。会议特别提醒全党，只有将城市的生产建设工作恢复和发展起来了，将消费城市变成生产城市了，并使工人和一般人民的生活有所改善，我们的政权才能够巩固。否则，党和人民就不能维持政权，就会站不住脚，就会失败。

全会科学地分析了革命胜利后我国的社会经济成分，认为国营经济、合作社经济、私人资本主义经济、个体经济和国家资本主义经济将是构成新中国经济的几种主要形式。对于这几种经济成分，党的政策应确定为：第一，必须没收官僚资本归人民共和国所有，使这部分经济成为社会主义性质的国营经济，成为整个国民经济的领导力量。第二，对于占现代工业经济第二位的私人资本主义经济，必须采取既利用又限制的政策。这就是说，利用它的积极性，以利于国民经济的恢复和发展，但必须限制它的消极方面，将其纳入国家经济政策和经济计划的轨道。第三，对于占国民经济90%左右的农业和手工业经济，必须谨慎地、逐步地而又积极地引导它们通过合作社的形式，向着集体化和现代化的方向发展。

在七届二中全会上，刘少奇就全心全意依靠工人阶级的方针和发展生产问题作了重要论述。他从三个具体方面加以阐述：保障和提高工人的生活；开展工人政治教育；在工人中发展党员、组织工会，把所有工人都组织起来。刘少奇的讲话，对当时和新中国成立后的工会工作起了重要的指导作用。

全会强调要加强党的思想建设，防止资产阶级思想侵蚀党的队伍，有预见性地提出了防止资产阶级“糖衣炮弹”进攻的重大问题，并进一步提出了“两个务必”的重要思想。

毛泽东指出，因为胜利，党内的骄傲情绪，以功臣自居的情绪，停顿起来不求进步的情绪，贪图享乐不愿再过艰苦生活的情绪，可能生长。因为胜利，人民感谢我们，资产阶级也会出来捧场。敌人的武力是不能征服我们的，这点已经得到证明了。资产阶级的捧场则可能征服我们队伍中的意志薄弱者。可能有这样一些共产党人，他们是不曾被拿枪的敌人征服过的，他们在这些敌人面前无愧英雄的称号；但是经不起人们用糖衣裹着的炮弹的攻击，他们在糖弹面前要打败仗，我们必须预防这种情况。

毛泽东指出，夺取全国胜利，这只是万里长征走完了第一步。中国的革命是伟大的，但革命以后的路程更长，工作更伟大、更艰苦。这一点就必须向党内讲明白，务必使同志们继续保持谦虚、谨慎、不骄、不躁的作风，务必使同志们继续保持艰苦奋斗的作风。毛泽东还提出，我们要掌握好批评与自我批评这个马克思列宁主义的武器，去掉不良作风，保持优良作风，迎接新的更加伟大的任务的到来。

全会还根据毛泽东的提议，作出禁止给党的领导人祝寿和用党的领导人的名字作地名等规定。

在中国革命转折关头召开的党的七届二中全会，描绘了新中国的宏伟蓝图，确定了新中国的大政方针，为促进和迎接全国胜利的到来，为推动和发展新中国的各项建设事业，保证中国由新民主主义向社会主义的转变，从政治上、思想上和理论上作了充分准备，具有巨大的指导作用和历史意义。

新中国的诞生

1948 年 4 月底，中共中央在发表纪念“五一”国际劳动节的口号中，发出迅速召开政治协商会议，讨论并实现召集人民代表大会，成立民主联合政府的号召，得到了各民主党派、各人民团体、海外华侨团体和无党派民主人士的热烈响应。他们通电认为，中共的号召“适合人民时势之要求，尤符同人等之本旨”，“事关国家民族前途，至为重要。全国人士自宜迅速集中意志，研讨办法，以期根绝反动，实现民主”。从 1948 年 8 月起，各民主党派和无党派人士陆续北上，进入东北和华北解放区，“愿在中共领导下献其绵薄”，同中国共产党一起进行新政治协商会议的筹备工作。

1949 年 1 月 31 日，北平宣布和平解放。6 月 15 日，新政治协商会议筹备会在北平开幕，参加会议的有 23 个单位，共 134 人。筹备会选举了以毛泽东为主任的常务委员会，负责起草共同纲领、拟定政府方案、完成召开新政协的各项准备工作。9 月 17 日召开的筹备会第二次会议，一致决定将新政协正式定名为“中国人民政治协商会议”。

1949 年 9 月，中国人民政治协商会议第一届全体会议在北平隆重开幕。人民政协是共产党领导的以工农联盟为基础的人民民主统一战线的组织形式。参加政协的有中国共产党、各民主党派、无党派人士、各人民团体、人民解放军、各地区、各民族以及华侨代表，共46个单位662人。会议通过了《中国人民政治协商会议共同纲领》《中国人民政治协商会议组织法》《中华人民共和国中央人民政府组织法》这三个为新中国奠基的历史性文件。会议还通过了关于国旗、国歌、首都、纪年等决议，选举了政协第一届全国委员会的委员。10月9日，毛泽东当选为政协全国委员会主席。会议一致选举毛泽东为中央人民政府主席，朱德、刘少奇、宋庆龄、李济深、张澜、高岗为副主席，陈毅等 56 人为中央人民政府委员会委员。中国人民政治协商会议在当时还不具备召开普选的全国人民代表大会的条件下，肩负起代行全国人民代表大会职权的重任，揭开了新中国历史的第一页。

会议通过的《中国人民政治协商会议共同纲领》，成为中国人民的大宪章，在一个时期内起着新中国临时宪法的作用。

1949年10月1日下午，中国人民政治协商会议第一届全体会议选举产生的中央人民政府委员会举行第一次会议。会议一致决议，宣布中华人民共和国中央人民政府成立，接受《中国人民政治协商会议共同纲领》为施政方针，向各国政府宣布中华人民共和国中央人民政府为中国唯一合法政府，愿与遵守平等、互利及互相尊重领土主权原则的任何外国政府建立外交关系。会议结束后，中央人民政府主席、副主席及各位委员集体出发，前往天安门城楼出席开国大典。

会后，北京30万名群众齐集天安门广场，举行隆重的开国大典。毛泽东主席在天安门城楼上向全世界庄严宣告：“中华人民共和国中央人民政府今天成立了。”中华人民共和国成立后，中国共产党成为全国范围的执政党，依靠各族人民，发扬独立自主、自力更生、艰苦奋斗的精神，医治战争创伤，恢复国民经济，建立社会主义制度，进行大规模的经济建设，并取得了巨大成就，一个初步繁荣昌盛的中国呈现在世界面前。10月1日这一天，成为中华人民共和国国庆日。

中华人民共和国的成立，标志着中国新民主主义革命已经取得基本胜利，中华民族发展进步从此开启了新纪元。

为恢复国民经济而努力

新中国成立初期，恢复和发展生产是党和国家的中心任务。1950 年 6 月召开的中共七届三中全会提出，用三年左右时间，为争取国家财政经济状况的根本好转而斗争。努力恢复和发展生产是工人阶级的最高利益，也是工会工作的最基本的任务。在工会的组织发动下，工人阶级以主人翁的姿态和新社会建设者的身份，在恢复和发展国民经济中发挥着主力军的作用。主要活动如下：

一是开展清仓查库、献纳器材活动。新中国成立初期，由于帝国主义的封锁、禁运和国民党溃逃时造成的破坏，大批工厂企业的设备损坏严重，大量的生产器材丢失，原材料供应不足，企业难以正常开工生产。为了尽快解决这个困难，政务院于 1950 年初开始在全国职工群众中开展清仓查库和献纳器材活动。许多职工响应号召，有的把自家有的、工厂可用的器材和原材料自觉捐献出来，有的从废物堆中去搜寻有用的机器零部件。鞍山钢铁公司炼铁厂职工孟泰，组织收集献纳器材达 2 万多件。在孟泰的带领下，工人们从日伪时期的废铁堆里挖出足够修复四座高炉用的 600 多吨管材，很快修复了两座高炉、四座平炉，使鞍山钢铁公司在不到一年时间里就完全恢复生产。清仓查库和献纳器材活动的开展不仅缓解了工厂在恢复生产过程中原料、燃料紧缺的问题，为企业节约了资金，同时也提高了广大职工群众的主人翁觉悟，对恢复生产具有重大意义。

二是创造新纪录运动。运动首先是从沈阳机械行业开始的。沈阳机床三厂车工赵国有在 1949 年的红五月竞赛中，把车一根车床主轴的时间从 56 小时缩短到 21 小时，首创新纪录，后来又一再创造车塔轮的新纪录，被评为厂里的一等功臣。创造新纪录运动从工厂发展到全机械行业，从沈阳发展到全东北，“学习赵国有，创造新纪录运动”仅 4 个月就涌现出 799 名新纪录创造者。全国总工会又及时把这一运动推广到了全国。创造新纪录运动对于增强工人的主人翁责任感，破除保守思想，用新的劳动态度对待工作，积极促进国家经济建设起了很大作用。

三是开展爱国增产节约运动。群众性的增产节约运动，是新中国成立后党依靠工人阶级发展国民经济的一个重要手段，成为推动生产发展的主要模式。1950 年 5 月，全国总工会召开工作会议，专门研究基层工会组织劳动竞赛和开展群众性合理化建议活动问题，会议拟定的群众发明奖励条例和合理化建议委员会组织条例被政府采纳，推动了劳动竞赛的开展。到 1950 年底，全国已有 4000 多个国营工矿企业在工人中开展了各种形式的劳动竞赛。随着生产的发展，劳动竞赛从单纯的体力劳动逐渐向技术层面转移，向更高层次发展。

新中国成立初期，劳动竞赛主要是在国营工厂企业中开展，抗美援朝战争开始后，扩展到私营工厂企业。除第一线生产工人外，科室人员和工程技术人员也都被动员和吸引进来。1951 年 4 月，劳动竞赛首先在纺织行业展开，青岛、天津、东北地区约 9000 名纺织工人签订了参加劳动竞赛的集体合同。随后其他产业和相应的全国产业工会都制定了本产业开展劳动竞赛的具体目标。同年 8 月，华东地区召开全区 48 个城市的贸易、金融、交通、合作社系统的职工代表会议，就上述产业 48 万工人开展持久性劳动竞赛制定了竞赛目标和联系合同，推动了整个华东地区劳动竞赛的发展，使全区 70% 的工人参加到劳动竞赛中来，有力地保证了生产任务的完成。

全国范围内群众性的增产节约运动取得的成绩主要表现在：各地区增产节约计划都普遍经过群众讨论。通过讨论，工人的责任感提高了，生产积极性普遍高涨；各地在增产节约运动中，一般都进行了生产改革，所以不仅生产数字提高了，生产潜力大大发挥，在生产管理、劳动组织、财务管理等方面也有了显著改进；在增产节约运动中，各地方有组织、有计划地推广先进经验。群众性的增产节约运动适应了当时的经济发展形势，是迅速恢复和发展国民经济的重要途径。尤其是在抗美援朝战争期间，大量战争物资的消耗，为全国的企业生产带来了新的挑战。生产竞赛活动的开展，各地工人积极踊跃参加劳动竞赛，工人阶级的主人翁意识、生产潜力和创造热情进一步增强，有效缓解了战争带来的物资短缺。

从1949年到1952年，工人阶级在共产党的领导下，以主人翁的姿态和高涨的革命热情，投入恢复国民经济的斗争中。经过三年的艰苦努力，国民经济得到迅速恢复和发展。到1952年底，工农业总产值达到827.2亿元，比1949年增长了77.5%。其中，工业总产值比1949年增长了145%，农业总产值比1949年增长了48.5%。主要工业品如钢轨、各式刨床、矿山机器、巨型钢铁闸门、纺织机器等，都能够自己制造了。工业结构发生了一定变化，重工业比轻工业有了更大的发展，特别是钢材和机器制造，各种机器与工业器材的国内自给率正在逐渐增大。1952年工农业主要产品产量已超过历史最高水平，钢的产量为134.9万吨，粮食的产量为3088亿斤，棉花的产量为2607万担。1952年国家财政收入为183.7亿元，支出为176亿元。职工的平均工资比1949年增长60%~120%，农民的收入也增长30%以上，人民生活得到初步改善。在旧中国的烂摊子上，仅仅用了三年时间，即取得如此巨大的成就，这是工人阶级和全国人民认真贯彻执行中国共产党的正确方针政策，奋发图强、艰苦奋斗的结果。

工人阶级积极投身大规模工业建设

1952年底，新中国原定用三年时间恢复国民经济的设想顺利实现，从1953年起，转入大规模经济建设。

在“一穷二白”的条件下实现国家工业化，首先需要制订一个切实可行的发展国民经济计划。中国借鉴了苏联的经验，从1951年春着手编制第一个五年计划（1953—1957年），边实施边修改，到1955年7月，经一届全国人大二次会议正式通过。

“一五”计划的主要任务有两点，一是集中力量进行工业化建设，二是加快推进各经济领域的社会主义改造。工业化建设的基本任务是：集中主要力量，进行以苏联帮助中国设计的156个建设项目为中心、由限额以上的694个建设项目组成的工业建设，建立社会主义工业化的初步基础。

1953年4月，在北京召开的全国总工会六届三次执委会议，根据工人阶级已经成为领导阶级，且已实现了全国工会组织统一的实际，决定将5月召开的“第七次全国劳动大会”改名为“中国工会第七次全国代表大会”。这一改变反映了新中国工会和工人运动发生的重大变化，揭开了其从新民主主义向社会主义过渡的历史新一页。

工会七大明确提出，为完成国家工业建设的任务而奋斗是工会组织最重要、最基本的任务。工会组织搞好生产的基本方法就是引导群众进行劳动竞赛。实践证明，国家建设时期，新中国工人阶级充分展示了主人翁精神，作出了重要贡献。

1954 年，在各地普遍开展职工劳动竞赛的基础上，一些产业和城市中出现了厂际间的竞赛，更广泛地把工人、技术人员吸引到竞赛中来，通过交流先进经验推动生产的发展和企业管理的改进。1956 年，全国社会主义建设出现高潮，群众性生产竞赛更是如火如荼，各地涌现了大批先进企业、先进班组以及先进生产者，到 1956 年底，全国涌现出的先进集体单位达 11.4 万个，为 1954 年底的 5.4 倍；涌现出先进生产者 125.9 万人，比新中国成立后六年劳动模范的总数还多 34.6 万人。

与此同时，工会发动群众有目的地提出合理化建议以解决生产关键问题。仅在群众合理化建议最活跃的 1956 年，全国职工提出合理化建议就达 183.1 万件，被采纳付诸实施 75.7 万件，促进了企业改进生产过程和管理模式，提高了技术水平，取得了重大效益。

劳动竞赛、合理化建议活动的开展，极大地激发了职工群众的创造热情和创造活力，推动了群众性技术革新运动的兴起与发展。1952 年，鞍钢青年工人王崇伦创造了“万能工具胎”，一年完成了四年的工作量，被誉为“走在时间前面的人”。到 1953 年底，鞍钢所属 33 个单位提出技术革新 545 项，试验成功 309 项，改进创造了数以百计的机械和设备，使近千名工人从笨重危险的劳动条件下解放出来，对保证鞍钢超额完成国家计划起到了重要作用。北京永定机械厂的青年工人倪志福，从 1953 年到 1956 年，坚持从事钻头的改造及创新，经过刻苦钻研和反复实验，做出 60 多种钻模，使 60% 以上的产品实现了钻模化，提高工效 1~20 倍，被誉为“钻头大王”。“倪志福钻头”在工业生产中的推广及应用，为国家创造了大量财富。

156 项重点项目建设初期，苏方在提供贷款、资源勘探、厂址选择、技术设计、机器设备、建筑安装以及人员培训、试车投产各方面都给予了指导和帮助，但中共中央明确提出，要坚持独立自主、自力更生，凡是自己能够解决的绝不依赖外援。这一方针在后来由于中苏分歧，苏联撕毁合同，撤走专家，给后续建设带来巨大困难时，为我国能够最终完成国家工业化建设起到了巨大作用，显示了中央决策的高瞻远瞩和深远意义。

为确保 156 项重点工程的建设，中国工人阶级艰苦奋斗，仅用一年零三个月就建成第一个大型现代化无缝钢管厂；用三年时间建成了长春第一汽车制造厂，生产出了第一辆解放牌汽车，实现了汽车行业从无到有的转变；以沈鸿为代表的机械制造专家，带领职工成功试验了中国第一台万吨级水压机；1956 年中国第一架国产喷气式歼击机成功飞上蓝天，并投入量产；为支援内地建设新厂，上海、天津、青岛等纺织厂的大批技术工人、工程技术人员和管理人员迁往内地，为社会主义建设奉献自己的青春和聪明才智，纺织工业提前一年超额完成了“一五”计划任务。

在“一五”计划时期的工业化建设中，一批基础工业和新的产业部门建立起来，初步改变了旧中国工业极为落后的状况，奠定了中国社会主义工业化的基础。旧中国从来没有的新的工业部门，如飞机、汽车、轮船、新式机床、矿山设备、有色金属冶炼等相继建立起来。到1957年底，主要工业产品的产量：钢535万吨、煤1.3亿吨、发电量193亿度，分别比1952年增长296％、98％、164％。全国新建铁路33条，铁路通车里程近3万公里；公路运输全面发展，长达4000公里的康藏、青藏公路通车。全国公路通车里程达25万公里，比1952年增长1倍。国家邮电事业发展迅速，强化了以北京为中心的全国邮电通讯网，在全国25个重点城市新建扩建了自动电话，在2000多个县城通了电话，全国96%的乡通了邮路。除此之外，全国的能源工业和地质事业、机械工业和电子工业等也都快速发展起来。

第一个五年计划的胜利超额完成，显示了社会主义制度的优越性和工人阶级的巨大力量，鼓舞了全国各族人民建设社会主义现代化强国的信心。

抗美援朝与工人阶级的贡献

新中国刚刚成立，当中国人民为争取财政经济状况根本好转而斗争的时候，又面临着外部侵略的威胁。

1950 年 6 月 25 日，朝鲜内战爆发。美国为维护其在亚洲的地位和利益，立即宣布武装援助南朝鲜，同时命令其第七舰队驶入台湾海峡，“阻止对台湾的任何进攻”，公然干涉中国内政。随后，美国操纵联合国安理会通过决议，以美军为主，纠集 15 个国家组成“联合国军”，入侵朝鲜参战。

9 月 15 日，美军在朝鲜半岛南部的仁川登陆，截断了人民军南进后路，并直逼北朝鲜，战火有烧到中国东北边境的趋势。10 月 1 日，美军越过“三八线”，大举进犯北朝鲜，19 日占领平壤，并向中国边境推进，战火即将烧到鸭绿江边。

10 月 8 日，朝鲜政府请求中国出兵援助。中共中央多次开会讨论，全面估量国内外形势，既清醒地看到面临的困难，又深入分析了出兵作战的必要和可能，作出了“抗美援朝、保家卫国”的战略决策，并迅速组成以彭德怀为司令员兼政治委员的中国人民志愿军。10 月 19 日晚，志愿军跨过鸭绿江，25 日，打响了入朝后的第一仗。志愿军利用敌人判断错误，捕捉战机，给敌人以出其不意的打击，初战告捷，把敌人从鸭绿江边赶到青川江以南。

从1950年10月25日至1951年6月10日，为抗美援朝战争第一阶段。这个阶段，美军仍继续以更大规模向北进犯，梦想“圣诞节结束战争”。中国人民志愿军和朝鲜人民军采取诱敌深入的方针，在极其困难的条件下英勇作战，重创敌军，再战告捷，迫使敌军从总进攻变成总撤退，一直退到“三八线”以南，从而扭转了朝鲜战局。以后又相继进行了互有进退攻守的三次战役，到1951年6月10日止，五战五捷，共歼敌23万人，把战线稳定在“三八线”附近。

从1951年6月11日至1953年7月27日，为抗美援朝战争第二阶段。这个阶段，战争双方自7月10日开始举行停战谈判，但在谈判的同时，美国动用其全部陆军的三分之一、空军的五分之一和海军的近半数投入朝鲜战场，企图以军事压力迫使朝中方面在谈判中屈服；中朝两军则执行“持久作战、积极防御”的战略方针，以阵地战为主要作战形式，进行持久的积极防御作战。战局表现为：双方都力图争取主动，谋求于自己更有利的地位；以军事行动与停战谈判密切配合，边打边谈，以打促谈，斗争尖锐复杂；战线相对稳定，局部性攻防作战频繁，以致战争出现长达两年多的边打边谈的局面。在这两年中，中朝人民军队积小胜为大胜，又歼敌72万人，最终迫使美国不得不接受停战。

1953年7月27日，战争双方在朝鲜停战协定上签字。至此，历时2年零9个月的抗美援朝战争宣告结束。

志愿军入朝作战，是以全国人民热烈拥护和支持为坚强后盾的。1950年11月，全国总工会号召全国工人阶级开展抗美援朝、保家卫国运动，工人阶级热烈响应政府和工会的号召，积极参加志愿军，大批铁路工人、电信工人、汽车司机、建筑工人以及医务人员奔赴朝鲜战场。全国职工还积极开展献金、献工、捐献飞机大炮的运动，仅辽宁省就捐献了235架战斗机。

与此同时，工人阶级积极开展爱国增产节约运动，把车间当战场，把生产当战斗，掀起了群众性的生产高潮。如沈阳市职工1951年增产节约360万吨粮食，支援前线；天津市工人提出“多生产一点产品，多增加一份打击美帝的力量”等口号；辽宁工人制定“爱国公约”，开展爱国主义劳动竞赛。特别值得一提的是马恒昌小组竞赛高潮。马恒昌原是沈阳机器厂工人，1950年初，东北总工会总结了他保质保量超额完成生产计划的经验，并把他所在的小组命名为“马恒昌小组”，在东北地区推广。1951年2月，全国总工会作出在全国开展马恒昌小组竞赛运动的决议。1951年底，全国已有2811个工矿企业和1.8万多个生产班组起来响应。1952年，全国国营企业工人直接参加爱国劳动竞赛的达到280万人，各主要产业80%以上的工人都参与其中。

抗美援朝战争的胜利，打破了美帝国主义不可战胜的神话，正如彭德怀在《关于中国人民志愿军抗美援朝工作的报告》中所说：“它雄辩地证明：西方侵略者几百年来只要在东方一个海滩上架起几尊大炮就可以霸占一个国家的时代是一去不复返了。”中国人民由于这个胜利而极大地增强了民族自尊心和自豪感，一部分对帝国主义曾经存在恐惧和幻想的人们也由此受到深刻教育而觉悟起来。全世界对中国刮目相看，中国的国际威望空前提高。从此，帝国主义不敢轻易做侵犯新中国的尝试，为我国经济建设和社会改革赢得了一个相对稳定的和平环境。

2020 年 10 月，习近平总书记在纪念中国人民志愿军抗美援朝出国作战 70 周年大会上指出，抗美援朝战争伟大胜利，是中国人民站起来后屹立于世界东方的宣言书，是中华民族走向伟大复兴的重要里程碑，对中国和世界都有着重大而深远的意义。

我们要铭记抗美援朝战争的艰辛历程和伟大胜利，敢于斗争、善于斗争，知难而进、坚韧向前，把新时代中国特色社会主义伟大事业不断推向前进。

工会积极推动社会主义改造

“一五”期间，随着国家经济建设时期的到来，国营经济力量日益强大，资本主义生产方式的无政府状态与国家有计划发展的矛盾日趋突出，暴露了资本主义工商业生产关系不适应生产力发展要求的状况。国家的社会主义工业化，要求扫除这些障碍，对私营资本主义工商业的社会主义改造势在必行。

中国共产党依据中国国情和已有经验，确定了对资本主义工商业进行社会主义改造的基本方针：对于资产阶级，用赎买和国家资本主义的方法，有偿地、逐步地改变资产阶级的所有制；在改造他们的同时，给予必要的工作安排，并且对他们中间积极拥护社会主义改造并有所贡献的代表人物，给予适当的政治安排。这些内容的实质，就是用国家资本主义的经济形式进行和平赎买，既改造所有制，又改造人。党对私营工商业进行社会主义改造的方针和途径，带有鲜明的中国特色，对工人阶级和工会积极参加社会主义改造提供了根本指导。

1953 年 8 月，全国总工会主席团会议通过了《关于加强资本主义工业中的工会工作的指示》，毛泽东在审阅这一文件时加写了很重要的一段话:“对资本主义企业，必须采取利用、限制、改造的方针。这一点必须向工人、工会干部交代清楚，否则工人会不服气。……这里所说的改造是指在承认资本家的受限制的不完全的私有制的条件下，使资本主义企业逐步地变为国家资本主义企业，即在人民政府管理下的，以各种方式和国营社会主义经济联系和合作的，受工人监督的资本主义企业。这种资本主义企业……主要是为国家和人民的需要而生产的，资本家已不能为所欲为地唯利是图。当然工人还要为资本家生产一部分利润，但是这一部分利润在整个盈利中不过只占四分之一左右。利润的四分之三为国家(所得税)、为工人(福利费)、为营业设备(公积金)，四分之一为资本家而生产。”经中共中央和毛泽东审阅修改的这个《指示》精神，对后来私营企业的工会工作以至对资本主义工业企业改造，起了重要的指导作用。

1955 年下半年，全国总工会向中共中央报送了《关于加强私营商业中店员工会工作的报告》，提出私营商业走组织起来的道路已成为现实可能，并就改造过程中一些亟待解决的问题提出了具体建议。当时，私营商业占全国社会商品零售总额的 42.8%，从业人员 200 万人左右，组织和教育广大店员自下而上地支持国家对私营商业进行社会主义改造，是对私营商业社会主义改造的重要条件，也是店员工会的重要任务。中共中央肯定了全国总工会党组的做法和意见。

1956 年，社会主义改造出现高潮，私营企业的全行业公私合营基本实现。为了适应公私合营后企业性质和内部关系发生的新变化，做好公私合营企业的工会工作，全国总工会于当年 11 月召开全国公私合营企业工会基层工作会议，认真研究了公私合营企业工会如何处理好各种关系，确定自己在合营企业中的地位、任务以及如何更好发挥工人的作用等亟待解决的问题。

建立健全民主管理、加强对资本主义工商业的领导是改造的关键。一些地方工会组织和职工在地方党组织的领导下，在私营企业普遍建立了民主管理组织，对私营企业实行严格的监督。民主管理委员会监督企业的生产、经营活动，同时也在企业的生产技术、财会计划等方面提出自己的合理化建议。职工通过参与企业的监督和管理，对企业的生产和经营进行领导，从而实现对资本主义工商业的领导。这也是新中国实行企业民主管理的最初实践。

对职工权益的维护是工会组织在参与改造中的着力点。在资本主义工商业的社会主义改造中，各级工会组织始终旗帜鲜明地维护职工群众权益，一方面教育职工顾全大局，严格执行党和政府每一阶段对民族工商业的政策，使大家懂得这样做就是维护职工的长远、根本利益；另一方面对资本家开展适当的斗争，限制过分剥削，改善生产设备、劳动保护及卫生条件，增加职工保健和工伤、死亡的医药费及抚恤金，在增加生产的基础上，适当提高职工工资。同时通过工会代表参与企业管理，落实职工的政治地位和权利。

各级工会特别是私营和合营企业工会卓有成效的工作，极大地调动了工人群众参加资本主义工商业改造的热情和积极性，他们发扬主人翁精神，认真履行领导阶级职责，在私营工商业改造中，积极搞好生产、参与管理和对资本家的教育改造以及合营等工作，发挥了工人阶级的重要作用。到 1956 年底，全国 7 万户私营工业企业，200 万户私营商业企业，都实现了公私合营，基本上实现了对资本主义工商业的社会主义改造，这是工人阶级在建立社会主义基本制度过程中取得的重大胜利。

对资本主义工商业进行社会主义改造，使资本主义私有制成为基本上是社会主义的公有制，几千年来的阶级剥削制度基本宣告瓦解，社会主义与资本主义力量的对比发生了根本变化。

生产关系的变革，解放了生产力，激发了职工群众的劳动热情，1956 年工业总产值比 1955 年增长 28.2%，广大职工的生活也随之得到改善。参加社会主义改造，使工人阶级受到了教育和锻炼，提高了觉悟，增强了对党的政策的理解，更加坚定了走社会主义道路的信念。一大批工人骨干和积极分子走上领导岗位，进一步巩固了工人阶级的领导地位。

第一届全国人民代表大会与第一部宪法

1954年9月15日，中华人民共和国第一届全国人民代表大会第一次会议在北京隆重开幕，标志着此前由全国政协代行的国家权力开始由在普选基础上产生的全国人民代表大会统一行使。

出席这次会议的1226名代表，是由45个选举单位（包括台湾，暂未选出代表）选举产生的，包括了我国当时所有的民主阶级和民主党派的代表人物；工农业劳动模范；人民军队的英雄人物；著名的文学、艺术、科学、教育工作者；工商界、宗教界的代表人物。其中有少数民族代表178名，妇女代表147名，代表的年龄从18岁到90多岁。这是我国历史上几千年来空前未有的团结统一的一次盛会。正如广东省全国人大代表蔡廷锴所说："蒋介石的伪国大代表选举，搞了许多鬼事。现在是真正的民主，人民有了各项权利，这是中国开天辟地第一次。"

当天的《人民日报》社论指出：有了这样广泛的代表性，这个代表大会会议所讨论和决定的一切，就将完满地表达全国人民的意志，恰当地照顾到不同地区和不同民族的历史特点，照顾到不同阶级和不同阶层的特殊利益和要求。这就使得我们的全国人民代表大会和其他一切国家机关能够更广泛、更巩固地团结全国人民，胜利地完成建设社会主义社会的伟大事业。

《人民日报》记者袁水拍到会采访，他在题为《六亿人民心花开》的通讯中写道："代表们走进了会场，坐上最高国家权力机关的席位。他们从车床边来，从田地里来，从矿井来，从海岸的防哨来。放下钳子，放下犁耙，放下镐头，放下笔杆、圆规……同他们所爱戴的党和国家领导人们一起，商议国家的大事。他们当中有很多是对人民革命事业有杰出贡献的人，有很多是各个民主党派、各个民主阶层的代表者，他们是六亿人民的共同意志的表达者。"

毛泽东主席主持开幕式并致辞。他说，这次会议的任务是制定宪法和几个重要的法律，通过政府工作报告，选举新的国家领导工作人员。"我们这次会议具有伟大的历史意义。这次会议是标志着我国人民从 1949 年新中国成立以来的新胜利和新发展的里程碑，这次会议所制定的宪法将大大地促进我们的社会主义事业。"

开幕式上，全场起立为在中国人民革命事业中牺牲的革命烈士默哀 3 分钟。

刘少奇首先向大会作关于《中华人民共和国宪法（草案）》的报告，交全体代表审议、讨论。在代表讨论的基础上，草案又作了两处修改。1954 年 9 月 20 日，经全体代表无记名投票，全票通过。这是新中国的第一部宪法，是在对新中国成立前夕由全国政协制定的起临时宪法作用的《共同纲领》进行修改的基础上制定的。当天，首都群众在天安门广场举行了《中华人民共和国宪法》诞生的庆祝活动。

国民党元老廖仲恺的夫人、77 岁的何香凝代表取出民国元年孙中山先生领导缔造的“临时约法”，指点着上面记载的人民应享有的民主权利说：“几十年来，中国人民哪里得到过？从袁世凯到蒋介石，做尽了剥夺破坏人民权利的一切罪行。”中国民主建国会中央主任委员黄炎培代表说：“我万分恳切要求各方面对于宪法予以高度的重视来正确执行，所有领导、管理、监督、检察各方面对于宪法执行工作，予以特别关注，各级人民代表大会代表们更需正确反映人民群众对于国家机关工作的意见，发现了困难或偏差，必须全国上下一致努力来克服，来纠正。”叶剑英代表说：“这部人民的宪法是我国人民幸福的保证书。”

9 月 20 日、21 日的全体会议还通过了《中华人民共和国全国人民代表大会组织法》《中华人民共和国国务院组织法》《中华人民共和国人民法院组织法》《中华人民共和国人民检察院组织法》以及《中华人民共和国地方各级人民代表大会和地方各级人民委员会组织法》，完成了全国人大的第一批立法程序。

9 月 23 日，政务院总理周恩来作政府工作报告。报告对新中国成立五年来在恢复国民经济、工业化建设、发展农业、对资本主义工商业改造、教育和科学文化建设、政权建设、外交工作等方面取得的成就作了全面的说明，指出了国家建设中的困难、问题和工作上存在的缺点。报告提出：“我国伟大的人民革命的根本目的，是从帝国主义、封建主义和官僚资本主义的压迫下面，最后也从资本主义的束缚和小生产的限制下面，解放我国的生产力，使我国国民经济能够沿着社会主义的道路而得到有计划的迅速的发展，以便提高人民的物质生活和文化生活的水平，并且巩固我们国家的独立和安全。”大会一致通过了这个报告。

9 月 27 日，会议进入最后一项议程，选举和通过新的国家领导工作人员。会议选举毛泽东为中华人民共和国主席、朱德为副主席，刘少奇为第一届全国人民代表大会常务委员会委员长，董必武为最高人民法院院长，张鼎丞为最高人民检察院检察长。大会根据毛泽东主席的提名，决定周恩来为国务院总理。

会议历时 14 天，在完成了预定的议程和历史任务后于 9 月 28 日闭幕。

党的八大与社会主义建设总路线

在社会主义改造取得决定性胜利的历史背景下，中国共产党第八次全国代表大会于1956年9月在北京举行。大会指出，社会主义制度在我国已经基本建立起来，国内的主要矛盾不再是工人阶级和资产阶级之间的矛盾，而是人民对于建立先进的工业国的要求同落后的农业国的现实之间的矛盾，是人民对于经济文化迅速发展的需要同当前经济文化不能满足人民需要的状况之间的矛盾。党和全国人民的主要任务是，集中力量发展社会生产力，把我国尽快地从落后的农业国变为先进的工业国。

根据新的形势和条件，大会对工会工作提出了新的要求，指出：工会组织在社会主义建设事业中的任务是，一方面，应当用说服教育的方法吸引工人群众，通过社会主义竞赛和先进生产者运动，为不断提高劳动生产力而奋斗；另一方面，应当密切关心群众生活，发挥群众的监督作用，向一切企业中违法乱纪、侵害群众利益、不关心群众生活的官僚主义现象进行勇敢的斗争。

1957年2月，毛泽东在最高国务会议上发表了《关于正确处理人民内部矛盾的问题》的讲话，论述了社会主义社会存在着敌我矛盾和人民内部矛盾两类不同性质的矛盾，强调在处理人民内部矛盾时应采取“团结—批评—团结”的方针和有针对性的具体方法，还阐述了走具有中国特色的工业化道路的思想。毛泽东指出，在疾风暴雨式的阶级斗争结束以后，我们的根本任务已经由解放生产力变为在新的生产关系下面保护和发展生产力，而在这个时候就是要团结全国人民发展我们的经济和文化，建设我们的国家。

由于认真执行党的八大的正确方针，1957 年的经济工作是新中国成立以来效果最好的年份之一。到年底，第一个五年计划指标的绝大部分已经完成或超额完成，极大地鼓舞了党和人民的建设热情。与此同时，全党开展的整风运动，发动群众向党提出批评建议，是发扬社会主义民主的正常步骤。在整风运动过程中，极少数资产阶级右派分子乘机鼓吹所谓“大鸣大放”，向党和新生的社会主义制度放肆地发动进攻，妄图取代共产党的领导，对这种进攻进行坚决的反击是完全正确和必要的。但是反右派斗争被严重地扩大化了，把一批知识分子、爱国人士和党内干部错划为“右派分子”，造成了不幸的后果。

1958 年，党的八大二次会议通过了“鼓足干劲，力争上游，多快好省地建设社会主义”的总路线及其基本点，其正确的一面是反映了广大人民群众迫切要求改变我国经济文化落后状况的普遍愿望，其缺点是忽视了客观经济规律。在这次会议前后，全党同志和全国各族人民在生产建设中发挥了高度的社会主义积极性和创造精神，并取得了一定的成果。

1959年8月，中共八届八中全会作出《关于开展增产节约运动的决议》，为完成和超额完成1959年的生产和建设计划而斗争。全国总工会迅速动员职工群众积极参加，其中影响最大的是“比先进、学先进、赶先进、帮后进”劳动竞赛活动。这一源于1956年开展的先进生产者运动，到1959年有了新的发展，通过树立先进典型，带动中间和帮助落后的方式，实现了互相帮助、取长补短、共同提高的目的。这一活动推广到全国之后，促进了生产水平的提高和社会风气的改善。

1960年2月，全国总工会召开八届三次执委会议，落实党中央开展技术革新和技术革命运动的号召，把动员和组织广大职工群众大搞机械化、半机械化和自动化作为当前各级工会最主要、最中心的工作要求推向新的高潮。1960年上半年，全国工业部门机械化半机械化程度，从1959年底的30%左右提高到50%左右；11个省、自治区、市已有250万工人由手工操作转为机械化半机械化操作。通过技术革新解决了不少生产中的关键问题，促进了生产效率的提高。

在社会主义建设高潮中，涌现出一批作出重大贡献的先进集体和先进个人，他们当中包括全国著名的马恒昌小组、马万水小组、裔式娟小组，以及孟泰、苏广铭、赵梦桃、倪志福、王崇伦、王进喜、李瑞环、张百发、罗淑珍……北京淘粪工人时传祥还受到国家主席刘少奇的亲切接见，使全国职工备受鼓舞。

但是，由于对社会主义建设经验不足，对经济发展规律和中国经济基本情况认识不足，更由于中央和地方不少领导同志在胜利面前滋长了骄傲自满情绪，急于求成，夸大了主观意志和主观努力的作用，没有经过认真的调查研究和试点，就在总路线提出后轻率地发动了“大跃进”运动和农村人民公社化运动，使得以高指标、瞎指挥、浮夸风和“共产风”为主要标志的“左”倾错误严重地泛滥开来。从 1958 年底到 1959 年 7 月中央政治局庐山会议前期，毛泽东和党中央曾经努力领导全党纠正已经觉察到的错误。但是，庐山会议后期，错误地开展了“反右倾”斗争。这场斗争在政治上使党内从中央到基层的民主生活遭到严重损害，在经济上打断了纠正“左”倾错误的进程，使错误延续了更长时间。主要由于“大跃进”和“反右倾”的错误，加上当时的自然灾害和苏联政府背信弃义地撕毁合同，我国国民经济在 1959 年到 1961 年发生严重困难，国家和人民遭到重大损失。

调整国民经济 战胜三年困难

“大跃进”和“反右倾”的错误，给国民经济造成了严重困难，也教训了全党，党中央开始纠正农村工作中的“左”倾错误。1960年11月发出《关于农村人民公社当前政策问题的紧急指示信》，1961年1月，八届九中全会正式决定对国民经济实行“调整、巩固、充实、提高”的方针。这两件事标志着这个历史阶段中党的指导方针的重要转变。

党中央制定和执行了一系列正确的政策和果断的措施。1962年1月召开的有中央各部门，各中央局，各省、市、地、县主要负责人以及一些重要厂矿和部队负责人共七千余人参加的扩大的中央工作会议，初步总结了“大跃进”中的经验教训，开展了批评和自我批评。会议前后又为“反右倾”运动中被错误批判的大多数同志进行了甄别平反。此外，还给被划为“右派分子”的大多数人摘掉了“右派分子”帽子。由于这些经济和政治措施的实施，从1962年到1966年，国民经济得到了比较顺利的恢复和发展。

在贯彻执行国民经济调整方针的过程中，工会组织虽然受到“左”倾错误的冲击，出现了一些曲折，但从总体上看，在协助政府克服困难、组织职工搞好生产、加强工会自身建设等方面还是做了大量的工作，取得了一定的成绩。

第一，协助政府完成精简职工的任务。在“大跃进”中，城市生产规模不断扩大，一些农村劳动力涌入城市，造成职工人数增加，给政府解决城镇居民吃饭问题带来极大困难。全国总工会积极贯彻中共中央关于精简职工和减少城镇人口的指示精神，从 1961 年至 1963 年，全国精简职工达 1887 万人，减少城镇人口约 2600 万人，基本上实现了中央提出的预期目标。

第二，关心职工生活，帮助职工渡过难关。从 1960 年下半年开始，城市居民和职工的生活普遍面临严重困难。1961 年 5 月，全国总工会在《关于改进工会基层工作报告》中指出，当前基层工会的主要任务是，在企业党委的领导下，配合企业行政，从关心群众生活着手，加强思想政治教育工作，提高职工的生产积极性。各级工会组织在办好职工食堂、做好职工困难补助、改善职工住房条件等方面做了大量工作，提高了职工对工会的信任度，体现出工会存在的价值。

第三，加强职工文化技术教育和思想政治工作。全国总工会和教育部制定并颁布了一系列提高职工文化技术程度的措施，促进了职工业余教育工作的开展和推进。与此同时，积极开展学习雷锋、讲“三史”（革命斗争史、厂史、家史）以及学习毛泽东著作等活动，对职工进行革命传统教育。

第四，开展“五好”竞赛和职工技术协作活动。1963 年 9 月，全国总工会在总结基层工会工作经验的基础上，会同国家经委提出《关于在工业、交通企业中开展“五好”企业和“五好”职工竞赛问题的报告》，通过评选奖励政治工作好、计划完成好、企业管理好、生活管理好、干部作风好的企业和政治思想好、完成任务好、遵守纪律好、经常学习好、团结互助好的职工办法，促进生产发展和管理的进步。

第五，开展“工业学大庆”运动，弘扬“铁人精神”。1964年，毛泽东提出“工业学大庆”的号召，在全国各行各业掀起了学习大庆经验的热潮。通过开展工业学大庆运动，大大激发出职工群众的爱国热情和生产积极性，有力地推动了各项生产事业的发展。“工业学大庆”运动是新中国成立后工业生产领域推广先进经验持续时间最长、影响最大的一次学习先进活动和群众生产运动。

经过调整时期工人阶级的艰苦奋斗，全国工业生产开始回升，1963年到1965年，工业每年平均递增17.9%，尤其经过1964年的调整，工业生产已达到历史最好水平。同期，我国新建扩建了大批重要企业，工业主要产品产量有较大增长，机械工业形成了门类比较齐全的机械制造体系，并且能够独立设计和制造一部分现代化大型设备，主要机械设备自给率已达到90%以上。1964年12月，周恩来总理在三届全国人大一次会议上宣布，调整国民经济的任务已经基本完成，整个国民经济将步入一个新的发展时期，要努力把我国逐步建设成为一个具有现代农业、现代工业、现代国防和现代科学技术的社会主义强国。

但是，这一时期“左”倾错误在经济工作的指导思想上并未得到彻底纠正，而在政治和思想文化方面还有发展。在1962年9月的八届十中全会上，毛泽东把社会主义社会中一定范围内存在的阶级斗争扩大化和绝对化，发展了他在1957年“反右倾”斗争以后提出的无产阶级同资产阶级的矛盾仍然是我国社会的主要矛盾的观点，进一步断言在整个社会主义历史阶段资产阶级都将存在和企图复辟，并成为党内产生修正主义的根源。

1963年至1965年，在部分农村和少数城市基层开展的社会主义教育运动，虽然对于解决干部作风和经济管理等方面的问题起了一定作用，但由于把这些不同性质的问题都认为是阶级斗争或者是阶级斗争在党内的反映，在1964年下半年使不少基层干部受到不应有的打击，在1965年初又错误地提出了运动的重点是整治所谓“党内走资本主义道路的当权派”。在意识形态领域，也对一些文艺作品、学术观点和文艺界学术界的一些代表人物进行了错误的、过火的政治批判，在对待知识分子问题、教育科学文化问题上发生了越来越严重的“左”的偏差，并且在后来发展成为“文化大革命”的导火线。

从雷锋到焦裕禄

1962年8月15日上午8时，部队汽车驾驶员雷锋指挥战友乔安山倒车，不料车轮打滑碰倒了一根电线杆，打到了雷锋的左太阳穴上，他当即昏迷过去。军队医院紧急抢救，因伤势过重，年仅22岁的雷锋在4个小时后因抢救无效去世。

就在雷锋去世的这一年冬天，40岁的焦裕禄被调到河南兰考县，先后任县委第二书记、书记。这时，病魔正在无情地侵蚀着他的身体，他却忍着肝癌带来的剧痛，依然像一台永远不知疲倦的机器，带领干部群众同贫穷与灾害作斗争。17个月后，他永远地闭上了眼睛。

这是新中国艰难困苦的年代，灾害频生，物质匮乏，精神和激情却似火焰般燃烧。刚刚成立10余年的新中国，陷入三年饥荒，直面中苏论战，身处外界封锁。面对内外交困，整个民族需要重新找到精神坐标，确立共产主义理想、社会主义信念的现实定位。从雷锋到焦裕禄，他们的故事得到中国社会最广泛的共鸣，为年轻的共和国提供着强大的精神力量。

“如果你是一滴水，你是否滋润了一寸土地？如果你是一线阳光，你是否照亮了一分黑暗？如果你是一颗粮食，你是否哺育了有用的生命？如果你是一颗最小的螺丝钉，你是否永远坚守在你生活的岗位上？”《雷锋日记》里的词句，撼动着那个年代每一位中国人的心。集体主义的革命精神、社会主义的核心价值、共产主义的坚定信念，让这位年轻的战士为人民奉献着自己的一切。

雷锋用自己的真诚、善良、友爱去帮助他人和奉献社会。他是抢着驾驶操作困难的推土机的那个人，他是路过工地忘了病痛推起运砖小车的那个人，他是帮助一位带孩子的乘客找到座位的那个人，他是给战友的父亲寄去20元钱的那个人……他用一辈子去默默无闻地做好事，诠释了“为人民服务”“助人为乐”“当好螺丝钉”的人生价值。

艰难困苦，玉汝于成。也许雷锋和焦裕禄素不相识，但他们都是物质贫瘠年代的精神榜样。身为县委书记，焦裕禄坚持参加集体生产劳动，翻地、封沙丘、种泡桐、挖河渠，群众身上有多少泥，他身上就有多少泥。他用过的一条被子上有42个补丁，同志们劝他换床新的。他说：“我的被子破了，是需更换新的，但应该看到，灾区的群众比我更需要。”他的衣帽鞋袜都是拆洗很多次，补了又补，缝了又缝，再破旧都舍不得换。

1964年春，焦裕禄的肝病越来越重，被医生诊断为“肝癌后期，皮下扩散”。护士含着眼泪注射止疼针，他却摇摇手说：“我不需要了，省下来留给别的阶级兄弟吧！”面对赶来看望的领导，他用尽全力断断续续地说：“我只有一个要求……请组织上把我运回兰考……埋在沙丘上……活着我没有治好沙丘……死了也要看着兰考人民把沙丘治好。”

雷锋走了，以他的名字命名的雷锋精神却深刻地影响着一代又一代人。在毛泽东题词号召“向雷锋同志学习”以后，雷锋成为亿万人民学习的榜样，他那爱憎分明的阶级立场，言行一致的革命精神，公而忘私的共产主义风格，奋不顾身的无产阶级斗志，在中国大地上薪火相传。无论是高度集中的计划经济体制，还是充满活力的社会主义市场经济体制，雷锋精神在不同的历史时期都凸显着社会价值和道德理想。每当社会出现不良风气时，人们用“雷锋叔叔不在了”表达强烈的忧患；每当社会风气健康文明时，人们用“雷锋叔叔回来了”表示由衷的赞美。“学雷锋活动”几十年延续不断，始终是时代前行的精神源泉。

时间从未改变前行的脚步，祖国和人民不会忘记燃尽自己生命的人。在焦裕禄去世50多年后的今天，焦裕禄精神又一次成为照亮中国共产党人奋斗前行的信仰之光。

为人民而死，虽死犹荣。每一个时代都有自己的精神坐标，从“革命理想高于天”的宏大抱负，到“激情燃烧岁月”的真挚追求，我们为之奋斗的共同理想和目标矢志不渝，我们肩负的崇高使命和责任一以贯之。在一个艰辛的探索时代，在一个伟大的变革时代，依然需要艰苦创业、积极进取、自强不息、奋力拼搏的奉献精神，依然需要顾全大局、忠于职守、克己奉公、以国家和集体利益为重的主人翁态度，依然需要相互尊重、助人为乐、诚实守信、和谐融洽的良好社会风尚。

我们从雷锋精神中得到净化，我们从焦裕禄精神中找到方向。正是他们和更多的优秀共产党员共同擎起一座信仰的路标，让今天的我们从内心深处懂得，在物质之外、利益之上，个人还有责任，理想还有价值，生命还有担当。

重返联合国

1971年10月25日，第26届联合国大会就阿尔巴尼亚、阿尔及利亚等23国关于恢复中华人民共和国在联合国的一切合法权利，把国民党集团的代表从联合国及其所属的一切机构中驱逐出去的提案进行表决。当电子计票牌上显示出结果：76票赞成、35票反对、17票弃权，提案以压倒性多数通过时，会议大厅立刻沸腾了，雷鸣般的掌声一浪高过一浪，此起彼伏，经久不息。中国在联合国的合法权利终于被承认了！这是中国和诸多主持正义的国家长期斗争取得的重大胜利。外电评论："中国是在自己不在场的情况下，受到联大三分之二以上国家的祝福，使联合国发生根本变化。"

在20世纪40年代的世界反法西斯战争中，中国人民的抗日战争是重要组成部分。中国与美、英、苏等国共同作战，取得了最后胜利。"二战"结束后，在中、苏、美、英、法等国的倡议下，一个旨在维护世界和平的国际组织——联合国宣告成立。当时的中国成为联合国的创始国和安理会五个常任理事国之一。

新中国成立后，中华人民共和国政府作为代表全中国人民的唯一合法政府，理所应当地享有中国在联合国的席位。但是，由于以美国为首的西方势力的阻挠，新中国在联合国的合法席位一直被逃到台湾的国民党集团非法占据。

中国政府为恢复在联合国的合法席位，进行了长期不屈不挠的斗争。随着新中国的国际威望不断提高，越来越多主持正义的国家支持中国重返联合国。

1971 年，第 26 届联合国大会即将召开之时，美国迫于无法阻止中国重返联合国的步伐，伙同日本提出“双重代表权”议案，即接纳新中国的代表进入联合国，并保留台湾当局在联合国拥有的代表权。这种制造“两个中国”的荒谬主张，遭到中国政府的严正拒绝和驳斥，并且被联合国大会投票否决。

联合国大会通过“恢复中华人民共和国在联合国组织中的合法权利问题”决议后，新华社发表《中国重返联合国的重大意义》一文。文章写道：“联大第 2758 号决议的通过绝非偶然，这是世界进步的需要，也是历史的必然。1949 年中华人民共和国成立之后，在联合国的合法席位被非法剥夺了 22 年。然而，这 22 年又是世界发生深刻变化的 22 年。战后，民族解放运动风起云涌，形成了一股强大的历史潮流。在这股大潮的推动下，一大批亚非国家取得了独立加入了联合国。没有这批国家的加入，中国恢复在联合国的合法席位是难以想象的。他们把恢复中国在联合国合法席位视为自己的事。他们敢于仗义执言，不畏强权，表现出一种浩然正气，这股正气就是世界走向进步的反映。”

联合国需要中国。联合国是以自己的普遍性而自豪的，然而，不恢复中国在联合国的合法席位、占世界人口五分之一的中国不在联合国里，联合国有什么普遍性可言？世界面临着众多的问题，需要联合国发挥作用。如果联合国缺少了中国，显然在应对世界上重大问题时缺少了有力的支撑。

联合国作为世界和平与稳定的基石，在其发展过程中，特别是在“冷战”后的近二十年间越来越发挥着其不可替代的作用。而中国重返联合国可以说是联合国发展中的一件具有划时代意义的事件。

中国重返联合国，中国政府迅即组成代表团去联合国参加会议，代表团的工作方针是：把平等协商的精神带到联合国去；反对超级大国的霸权主义，为被压迫人民和被压迫民族讲话，为广大中小国家的人民讲话；在联合国的各项活动中切实体现我国对国际事务的原则立场；在对外活动中做到谦虚谨慎，不卑不亢，平等待人，不轻然诺。

1971 年 11 月 15 日，中华人民共和国代表团第一次出现在联合国会议大厅，受到各国代表的热烈欢迎，并纷纷登台发言。特别是广大亚非拉国家代表为中国代表的到来兴高采烈、欢欣鼓舞，发言更是热情洋溢，十分踊跃，表达了对中国人民的充分信任、诚挚鼓励和兄弟般的深厚情谊。

中国代表团团长乔冠华在经久不息的掌声和欢呼声中登上联合国大会讲坛，发表讲话。他首先对大会主席和代表们的欢迎表示感谢，代表中国政府和中国人民对坚持原则、主持正义、为恢复我国在联合国的合法权利进行了不懈努力的阿尔巴尼亚、阿尔及利亚等23个提案国，对支持这一提案的所有国家，对以不同方式对我国表示了同情的其他国家，表示衷心感谢。他指出，恢复中华人民共和国在联合国的一切合法权利并立即把蒋介石集团的代表从联合国及其所属一切机构中驱逐出去，是敌视、孤立和封锁中国人民的政策的破产，是企图制造“两个中国”的计划的失败，是全世界人民的共同胜利。讲话全面阐述了我国政府在一系列重大国际问题上的原则立场，并强调，中国一贯主张大小国家应该一律平等、反对霸权主义和强权政治，中国永远不做侵略、颠覆、控制和欺负别人的超级大国。他发言完毕，会场上又一次爆发出长达两分钟之久的热烈掌声。

中国重返联合国，是坚持世界上只有一个中国即中华人民共和国的原则的胜利，同时也是美国及其追随者长期推行“两个中国”“一中一台”政策的失败。这一事实，又反过来促使更多国家谋求与中国关系正常化，加速打开了中国全新的外交格局。

油田会战锻造大庆精神、铁人精神

今天的人们很难想象，20 世纪 60 年代前后，首都北京大街上跑的公共汽车，因为缺乏汽油，车上还顶着庞大的煤气包作动力。当年的这一幕，人们司空见惯，但却刺伤了一位到北京出席全国群英会的劳动模范的心。他叫王进喜，作为石油工人，他为不能生产更多的石油而难过，心里憋了一股气，拼命也要为国家多找石油、多产石油。

1960 年三四月间，在东北松嫩平原的萨尔图，一向人烟稀少的荒原上，忽然会集了几万人的石油会战队伍，其中就包括王进喜从玉门油田带来的 1205 钻井队。新油田勘探开发始于 1959 年，适逢新中国成立十周年，因此被命名为大庆油田。

会战开始时，天寒地冻，生活无房屋，无炉灶，连油盐酱醋、锅碗瓢盆在当地都难买到；生产器材不齐全，设备不配套，汽车、吊车又不足，草原上还没有修公路，运到火车站的几十万吨器材和整套的钻井设备无法卸车、运输；尤其是历史上中国没有开发建设过大油田，国外经验又不可能照抄照搬，会战困难重重。

时任国家石油部部长余秋里和会战领导小组作出了会战的第一

个决定：组织干部职工学习毛泽东的《实践论》《矛盾论》，用“两论”的立场、观点、方法来组织会战的全部工作。学习中，大家边学边议，摸索找油规律，研究克服困难、解决矛盾的办法，自觉地把石油会战与国家的命运联系起来，迎着困难上，艰苦创业，迸发出了“宁肯少活二十年，拼命也要拿下大油田”“有条件要上，没有条件创造条件也要上”的誓言。

统一了思想，激发了斗志，石油会战涌现出了一大批先进模范人物，其中最突出的代表就是王进喜。王进喜千里迢迢来到油田，一不问吃，二不问住，下车先问三句话：“钻机运到了没有？”“钻井的井位在哪里？”“这里的钻井纪录是多少？”当钻机运到后，他知道吊车和拖拉机不足，没有向上级伸手，而是带领职工人拉肩扛，把五六十吨重的钻机部件卸下火车，又靠人拉肩扛运到现场安装设备，竖起了井架。开钻时需要用大量的水调制泥浆，但当时既没有铺设供水管线，水罐车也很少，他不等不靠，带领职工从一里外的水泡子里用脸盆一盆盆地端水，争取时间提前开钻。在一次钻进中，突然发现井涌迹象，一旦井喷整部钻机可能被陷进地层，还会引起火灾烧毁设备。防止井喷急需加大泥浆比重，但现场没有搅拌设备。紧要关头，王进喜和几个工人奋不顾身地跳进泥浆池，用身体搅拌泥浆……一场井喷事故避免了，王进喜和两个工人的身上却被碱性很强的泥浆烧起了许多大泡。王进喜吃在井场，住在井场，饿了啃几口干粮，困了枕着钻头躺在成排的钻杆上休息一会儿。从安装钻机到第一口井完钻，他七天七夜不下“火线”，人们感动地说："王队长可真是铁人啊！"从此，"铁人"这个响亮的名字传遍了整个油田。

王进喜这种心甘情愿、吃苦耐劳、临危不惧、不惜牺牲个人的一切，为国家和人民多找石油、多产石油的崇高精神，是中国工人阶级优秀品质的鲜明体现。在会战誓师大会上，余秋里部长带头高呼："向铁人学习，人人争做铁人。"

"学铁人，做铁人"活动的开展，推动着石油会战全体职工艰苦奋斗，迎难而上。钻井队队长马德仁在钻井泥浆泵上水管线冻结时，不畏严寒，破冰下泥浆池，疏通上水管线；钻井队队长段兴枝在吊车和拖拉机不足的情况下，利用钻机本身的动力设施，解决了钻机搬家的困难；采油队队长薛国邦自制绞车，给第一批油井清蜡，又手持蒸汽管下到土油池里化开凝结的原油，保证了大庆首次原油外运列车顺利起程；工程队队长朱洪昌在供水管线漏水时，用手捂着漏水，忍着灼烧的疼痛，让焊工焊接裂缝，保证了供水工程提前竣工。

王进喜和马德仁、段兴枝、薛国邦、朱洪昌，都是在油田艰苦创业初期涌现出的先进标兵，被誉为会战中的"五面红旗"。1960年7月，会战领导小组作出决定，在全油田开展学习王、马、段、薛、朱的活动。从学习"铁人"王进喜到学习王、马、段、薛、朱，从五大标兵很快发展到百名标兵，会战中比学赶帮活动开展得如火如荼，激励着干部职工克服各种困难，夺取会战胜利。与此同时，也锻造出了大庆精神、铁人精神。

大庆精神主要包括：为国争光、为民族争气的爱国主义精神；独立自主、自力更生的艰苦创业精神；讲求科学、“三老四严”的科学求实精神；胸怀全局、为国分忧的奉献精神。概括地说就是“爱国、创业、求实、奉献”。

铁人精神主要包括：“为国分忧、为民族争气”的爱国主义精神；“宁肯少活二十年，拼命也要拿下大油田”的忘我拼搏精神；“有条件要上，没有条件创造条件也要上”的艰苦奋斗精神；“干工作要经得起子孙万代检查”的科学求实精神；“甘愿为党和人民当一辈子老黄牛”的埋头苦干无私奉献精神。铁人精神的核心内容是爱国奉献、实干担当、勤学创新、清廉自守。

1960 年 6 月 1 日，会战仅一个多月，一辆挂着 21 节油罐的列车，就从萨尔图装油外运。8 月，原油日产量已达到 3000 多吨。持续三年多的石油会战，共探明面积达 860 多平方公里的特大油田，建成年产原油 500 万吨的生产能力，累计生产原油 1166.2 万吨，占全国同期原油产量的 51.3%，完成财政上缴 10.6 亿元，除回收投资外，为国家积累资金 3.5 亿元，从根本上改变了中国石油工业的面貌。1963 年 12 月 3 日，二届全国人大四次会议闭幕，周恩来总理向世人宣布：“中国人民使用‘洋油’的时代，即将一去不复返了！”

“两弹一星”的创业精神

20世纪50年代，新中国面临严峻的国际形势，面对帝国主义的武力威胁与核讹诈，中共中央审时度势，为了保卫国家安全，维护世界和平，作出了独立自主研制“两弹一星”，突破国防尖端技术的战略决策，并列入《1956—1967年科学技术发展远景规划纲要》。1958年5月，党的八大二次会议上，中央决定以中国科学院为主组建专门的研究、设计机构，拨出专款，研制人造地球卫星，代号为“581”任务。

20世纪50年代末，一群满怀理想和信念的中国科学家、技术工人和解放军指战员，来到西北边陲的茫茫戈壁，创建了我国第一个核武器研制、试验和生产基地——西北核武器研制基地。这个素有“原子城”之称的中国第一个核研制基地，位于青海省海北藏族自治州海晏县境内，总面积1170平方公里，它有一个美丽的名字，叫作金银滩。数十年前，我国著名的西部歌王王洛宾所作、迷醉了几代人的歌曲《在那遥远的地方》，说的就是金银滩草原。也正是在这里，科学家们先后研制成功了我国第一颗原子弹和第一颗氢弹。

当时，中国开发核技术的基础薄弱、经济困难，工作条件十分艰苦，但大批的优秀科技工作者，包括许多在国外已经有杰出成就的科学家，怀着对新中国的满腔热爱，响应党和国家的召唤，以身许国，义无反顾地投身到这一神圣而伟大的事业中来。他们自力更生，发愤图强，使我国核技术、航天技术从无到有、从小到大地发展起来，用较少的投入和较短的时间，突破了核弹、导弹和人造卫星等尖端技术，取得了举世瞩目的辉煌成就。

1964 年 10 月 16 日，中国第一颗原子弹爆炸成功；1967 年 6 月 17 日，中国第一颗氢弹空爆试验成功；1970 年 4 月 24 日，中国第一颗人造卫星发射成功，使中国成为世界上第五个能独立发射人造地球卫星的国家。此后，中国的国防科技工业不断发展壮大，先后掌握了中子弹设计技术和核武器小型化技术，研制和发射了各种型号的战略战术导弹和运载火箭，潜艇水下发射成功，发射多颗返回式卫星、地球同步轨道及太阳同步轨道卫星。“两弹一星”不仅为我国建立战略导弹部队提供了装备技术保障，增强了我军在高技术条件下的防御能力和作战能力，而且带动了中国高技术及其产业的发展，促进了经济建设和科技进步。

“两弹一星”事业所取得的巨大成就，是中国人民挺直腰杆站起来的重要标志，极大地鼓舞了全党全军全国人民的斗志，增强了民族凝聚力，激发了振兴中华的爱国热情。

“两弹一星”事业的巨大成功，根本上靠党中央的正确决策和社会主义的制度优势，靠参与这一事业的所有人员特别是他们中的功臣的奋斗、奉献。功臣们的作用极其重要，他们的业绩彪炳史册，他们的精神光耀千古，永远值得我们学习。

要学习他们的爱国主义精神。他们中的许多人在国外都学有所成，拥有优越的科研和生活条件，为了投身于新中国的建设事业，冲破重重障碍和阻力，毅然回到祖国，几十年默默无闻，艰苦奋斗，以惊人的智慧和高昂的爱国主义精神创造了人间奇迹。

要学习他们艰苦奋斗、无私奉献的精神。正是有了这样的精神，他们不怕狂风飞沙，不惧严寒酷暑，没有条件，创造条件；没有仪器，自己制造；缺少资料，刻苦钻研。就是这样，他们以惊人的毅力和速度从无到有、从小到大，创造出“两弹一星”的惊人伟绩。

要学习他们勇于探索、勇于创新的精神。从原子弹到氢弹，我们仅用了两年零八个月的时间，比美国、苏联、法国所用的时间要短得多。在导弹和卫星的研制中所采用的新技术、新材料、新工艺、新方案，在许多方面跨越了传统的技术阶段。“两弹一星”是中国人民创造活力的产物。

1999年新中国成立50周年前夕，中共中央、国务院和中央军委向23位“两弹一星”功臣授予功勋奖章，他们是于敏、王大珩、王希季、朱光亚、孙家栋、任新民、吴自良、陈芳允、陈能宽、杨嘉墀、周光召、钱学森、屠守锷、黄纬禄、程开甲、彭桓武、王淦昌、邓稼先、赵九章、姚桐斌、钱骥、钱三强、郭永怀。

21世纪的国际科技和经济的竞争，从根本上讲是高科技、高素质人才的竞争，是知识创新、技术创新的竞争。要把建设有中国特色社会主义事业推向前进，要在激烈的国际竞争中得到发展，就要努力学习和发扬“两弹一星”功臣们的爱国主义精神、无私奉献精神和勇于创新的精神，团结一心，励精图治，不畏艰险，勇往直前。

近半个世纪以来，核技术、航天技术已经在世界范围内取得了巨大的进展，广泛应用于科学活动、军事活动、国民经济和社会生活的许多部门，产生了极其重大而深远的影响。中国作为一个后发者，已从当初的“望尘莫及”到后来的“望其项背”，如今在很多领域已实现“并驾齐驱”，可以相信将来“超越领先”指日可待。

值得一提的是，1995 年 5 月 15 日，新华社向全世界宣布我国第一个核武器研制基地全面退役。经过环境治理并通过国家验收符合国家环保法规后，金银滩重现碧水蓝天的秀丽风光，已经成为世人瞩目的旅游景点。

全面整顿与粉碎“四人帮”

1966年5月至1976年10月的“文化大革命”，使党、国家和人民遭到新中国成立以来最严重的挫折和损失。这期间，工会组织被迫停止活动，工人运动受到严重冲击，给工业生产造成极大干扰和破坏，使国民经济陷入危机。

1975年1月，党的十届二中全会选举邓小平为中共中央政治局常委、中共中央副主席。同月，四届全国人大一次会议召开，周恩来作政府工作报告。该报告是由刚刚复出工作的邓小平负责起草的。1974年11月，邓小平在谈到起草工作时强调，整个报告最后要落实到团结起来为实现现代化而奋斗上。报告中重申了三届全国人大提出的发展国民经济的两步设想：第一步，在1980年以前，建成一个独立的比较完整的工业体系和国民经济体系；第二步，在20世纪内，全面实现农业、工业、国防和科学技术的现代化，使我国国民经济走在世界的前列。这一宏伟目标的重新提出，给处于“文化大革命”困难时期继续坚持经济建设的工人阶级和全国人民带来了巨大的鼓舞和希望。四届人大会议闭幕后，周恩来病情加重，邓小平在毛泽东的支持下主持中央日常工作。

为使国家摆脱“文化大革命”造成的困境，邓小平坚定地、大刀阔斧地抓各方面的整顿工作。整顿是包括各个方面的全面整顿，其核心是党的整顿，关键是领导班子。要搞好安定团结，发展社会主义经济。只敢抓革命，不敢抓生产，这是大错特错。要恢复和健全规章制度，加强组织性、纪律性。要加强党的领导，发扬党的优良传统。要坚决地同派性作斗争，对派性要寸土必争、寸土不让。要认真落实对老工人、老干部、老劳模和技术骨干的政策，调动他们的积极性。他批示：工会不能只抓阶级斗争，对生产、生活福利还是要抓的，对困难补助、劳保福利、食堂、托儿所、文体活动都要管。邓小平还肯定了科学技术是生产力这一马克思主义观点，要求做好科学技术工作，要办好教育。

根据邓小平的有关讲话精神，国家计委在1975年8月撰写了《关于加快工业发展的若干问题》草稿（简称“工业二十条”），提出了一系列发展工业的重大理论和方针政策问题，其精要如：决不能把搞好生产当作“唯生产力论”和“业务挂帅”来批；要调整“勇敢分子”当权的领导班子，把坏人篡夺的领导权夺回来；要建立岗位责任制为中心的生产管理系统和强有力的生产指挥系统；要实行按劳分配的社会主义原则；要加强职工队伍的团结，在职工中划分所谓造反派和保守派是错误的，等等。

邓小平提出和实施的对各方面工作整顿的方针，实际是要理顺被“文化大革命”搞乱了的各条战线工作，系统地纠正“文化大革命”的错误。邓小平首先把对全局形势影响大且又属薄弱环节的铁路作为突破口，以整顿铁路的成效和经验逐步扩展到各个领域，在较短时间里就使各领域的工作有了较大改观。

广大职工对“四人帮”借“批林批孔”重新搞乱全国的行径十分不满。他们衷心拥护整顿的正确方针，用实际行动促进安定团结，为扭转生产下降的形势作出了重大贡献。1975 年上半年工业生产和交通运输情况即趋于好转，原油、原煤、发电量、化肥、水泥、内燃机、纸和印刷品、铁路货运量等，5、6 月都创造了历史上月产最高水平。率先进行整顿的铁路、钢铁部门都扭转了局面。1975 年 4 月，几条严重堵塞的铁路都疏通了。全国 20 个铁路局中的 19 个超额完成计划，列车正点率也大大提高。钢铁工人奋发努力，使钢铁生产显著回升。6 月份，钢的平均日产量达到 7 万多吨，超过年计划平均日产水平。在工人阶级的努力下，1975 年全国工业总产值 3207 亿元，按可比价格计算，比上年增长 15.5%。这说明，邓小平和中央提出的全面整顿方针是正确的。

1976 年，由于邓小平再次被错误地批判，整顿工作中断。广大工人、知识分子在极端困难的条件下，继续顶住“四人帮”的压力，奋发图强，献身事业，为经济建设和科学技术现代化作出了卓越贡献。这就使得整个“文化大革命”期间，虽然干扰破坏严重，但仍然取得了一些令人瞩目的成绩。

1976 年 10 月，党中央粉碎“四人帮”，“文化大革命”结束，工人阶级被压抑的生产积极性得到了解放，以极大的热情投入各项建设工作中。在恢复发展生产的过程中，广大职工群众决心把被

“四人帮”耽误的时间夺回来，把“四人帮”造成的损失补回来。他们以大庆人“大干社会主义有理、大干社会主义有功、大干社会主义光荣”作为誓言，在全国范围内迅速掀起社会主义劳动竞赛的热潮。

经过广大职工的努力奋斗，全国工业总产值从 1977 年 3 月起逐月增加，到 6 月，有 24 个省、自治区、直辖市超过 1976 年同期水平。80 种主要工业产品的产量，到 1977 年五六月，绝大多数已高于上年同期水平，其中 26 种创造了历史最高月产水平。1977 年的工业总产值比上年增长 14.6%，全国有 60% 的职工不同程度地增加了工资。1978 年的工业总产值又比上年增长 13.5%，80 种主要产品中有 65 种完成和超额完成了国家计划，其中钢产量达到 3178 万吨，比 1976 年增长 55.3%，扭转了连续几年在 2000 万吨左右徘徊的局面。

拨乱反正任务的完成

1976年10月，随着“四人帮”的倒台，“文化大革命”结束了。但是党内仍有人继续坚持“左”的方针，阻挠对过去“左”的错误进行拨乱反正。1977年2月7日的《人民日报》、《解放军报》、《红旗》杂志、社论《学好文件抓住纲》公开提出“凡是毛主席做出的决策，我们都坚决维护，凡是毛主席的指示，我们都始终不渝地遵循”。至此形成了“两个凡是”的指导思想。这个指导思想在维护过去的个人崇拜的同时，实际上延续了“文化大革命”的错误。

“两个凡是”的观点不可避免地受到了绝大多数人的抵制。1977年4月10日，邓小平在致中央的信中针对“两个凡是”的观点指出，我们必须世世代代地用准确的、完整的毛泽东思想来指导我们全党、全军和全国人民。中共中央转发了这封信，肯定了邓小平的意见。

1978年5月，在胡耀邦主持下，中共中央党校内部刊物《理论动态》第60期发表了《实践是检验真理的唯一标准》一文。文章说，理论与实践的统一是马克思主义的一个最基本的原则，检验真理的标准只能是社会实践，从而否定了“两个凡是”的观点。文章在全国范围内引起强烈反响，引发了一场关于真理标准的大讨论，在此后半年多的时间里，全国各地主要报刊都刊登了这方面的大量文章。

这场关于真理标准问题的大讨论，不是一般哲学问题的争论，而是在思想上、理论上最根本的拨乱反正。它使全党和全国人民从教条主义和个人崇拜的精神枷锁中解放出来，重新确立了党的实事求是、一切从实际出发、理论联系实际的思想路线，为进一步拨乱反正和党的十一届三中全会准备了思想、理论条件。

党的十一届三中全会于 1978 年 12 月 18 日至 22 日在北京举行，中心议题是讨论把全党的工作重点转移到社会主义现代化建设上来。

这次全会前，召开了历时 36 天的中央工作会议。会上，许多老一辈革命家和领导骨干对“文化大革命”结束后两年来党的领导工作中出现的失误提出了中肯的批评，对党的工作重点转移到经济、政治方面的重大决策，党的优良传统的恢复和发扬等，提出了积极的建议。邓小平在会议闭幕式上作了题为《解放思想，实事求是，团结一致向前看》的重要讲话。这次中央工作会议，为随即召开党的十一届三中全会作了充分准备，邓小平的讲话实际上成了党的十一届三中全会的主题报告。

党的十一届三中全会结束了粉碎“四人帮”之后两年中党的工作在徘徊中前进的局面，实现了新中国成立以来党的历史性伟大转折。这个伟大转折是全局性的、根本性的，集中表现在以下几个主要方面：

一是重新确立了党的马克思主义的思想路线。全会坚决批判了“两个凡是”的错误方针，高度评价了关于真理标准问题的讨论，确定了解放思想、开动脑筋、实事求是、团结一致向前看的指导方针。

二是重新确立了马克思主义的政治路线。全会果断地停止使用“以阶级斗争为纲”和“无产阶级专政下继续革命”的口号，作出把工作重点转移到社会主义现代化建设上来的战略决策，并富有远见地提出了对党和国家各个方面的工作进行改革的任务。

三是重新确立了党的正确的组织路线。提出要健全社会主义民主和加强社会主义法制的任务，审查和解决了党的历史上一批重大冤假错案和一些重要领导人的功过是非问题，纠正了过去对彭德怀、陶铸、薄一波、杨尚昆等同志所作的错误结论。全会增选陈云为中共中央副主席，邓颖超、胡耀邦、王震为中央政治局委员，并选举产生了以陈云为首的中央纪律检查委员会。

党的十一届三中全会所作出的这些在领导工作中具有重大意义的转变，标志着中国共产党从根本上冲破了长期“左”倾错误的严重束缚，端正了党的指导思想，使广大党员、干部和群众从过去盛行的个人崇拜和教条主义束缚中解放出来，将党领导的社会主义事业引向健康发展的道路，是新中国成立以来我党历史上具有深远意义的伟大转折。

党在指导思想上完成拨乱反正任务的标志是，1981 年党的十一届六中全会通过《关于建国以来党的若干历史问题的决议》（以下简称《决议》），对新中国成立 32 年来的历史作了科学总结，对一系列重大历史问题作出正确结论。彻底否定了“文化大革命”；同时实事求是地评价毛泽东的历史地位，充分论述了毛泽东思想作为党的指导思想的伟大意义。《决议》的通过，标志着党在指导思想上拨乱反正任务的完成。

经济特区与沿海开放

党的十一届三中全会作出改革开放的重大决策，国门徐徐打开。如何在经济领域贯彻落实对外开放政策，需要一块试验田，走一条梯次推进的开放之路。

1979 年 4 月，中共中央工作会议召开，中共广东省委第一书记习仲勋在向中央领导同志作汇报时，建议中央下放若干权力，允许在毗邻港澳的深圳、珠海和重要侨乡汕头开办出口加工区。这一建议得到了中央领导同志的重视。邓小平在与习仲勋同志谈话时表示："还是叫特区好。陕甘宁开始就叫特区嘛！中央没有钱，可以给些政策，你们自己去搞，杀出一条血路来。"

在慎重调查研究的基础上，1979 年 7 月 15 日，中共中央、国务院批转了广东、福建两省省委关于在对外经济活动中实行特殊政策和灵活措施的报告。1980 年 5 月 16 日，又批准了《广东、福建两省会议纪要》，"出口特区"被正式改名为"经济特区"。同年 8 月，五届全国人大常委会第十五次会议批准在深圳、珠海、汕头、厦门设置经济特区，并通过了《广东省经济特区条例》，标志着中国的经济特区正式诞生，一个影响中国改革开放进程的重大事件登上了历史舞台。

经济特区的本质是社会主义制度下改革开放的先行先试区，邓小平把经济特区定位为“技术的窗口，管理的窗口，知识的窗口，也是对外政策的窗口”。其“特”在于：中央给予经济特区较多的经济活动自主权；在税收、土地使用费、出入境管理方面，给予投资商特殊优惠和便利；经济特区的发展以利用外资为主，以市场调节为主要手段。最早的四个特区中，深圳的发展最为迅猛——以“时间就是金钱，效率就是生命”“空谈误国、实干兴邦”等理念，创造了三天盖一层楼的“深圳速度”，对改革开放和现代化建设的全局产生了巨大的带动和激励作用。

1984 年 1 月 24 日至 2 月 10 日，邓小平先后视察了深圳、珠海、厦门三个经济特区。他说：“办特区是我倡议的，中央决定的，办得怎么样，能否成功，我要亲自看一看。”邓小平对特区建设的成就给予了充分肯定，并分别为三个特区题词，经济特区取得的令人瞩目的巨大成就，向世界展示了中国改革开放的坚定决心，也为逐步扩大对外开放和推进经济体制改革提供了丰富的经验。

1984 年 4 月，为进一步吸收外资，引进国外先进科学技术，加快对外开放的步伐，中央决定扩大开放沿海大连、秦皇岛、天津、烟台、青岛、连云港、南通、上海、宁波、温州、福州、广州、湛江、北海共 14 个港口城市，1988 年，海南又成为中国最大的经济特区。我国沿海地区的进一步开放和经济繁荣，证明了对外开放的政策是正确有效的。

20 世纪 80 年代是中国经济特区的扬帆起航期。这个阶段，经济特区发展取得巨大成绩，也出现了一些问题。面对这些发展中的问题，邓小平坚持一分为二的态度，既肯定建立经济特区的积极意义，又指出经济特区还是一个试验。对于经济特区这一新生事物，不允许犯错误是不行的。

20 世纪 80 年代末 90 年代初，社会上一度出现了经济特区姓“资”还是姓“社”的争论。有人认为，多一分外资，就是多一分资本主义，引进外资就是引狼入室。实际上，关于经济特区的种种疑虑，直到 1992 年邓小平南方谈话才基本消除。邓小平明确提出：特区姓“社”不姓“资”。他以深圳为例，认为深圳以公有制为主体，外商投资只占四分之一。按照现行的法规政策，三资企业虽然赚了些钱，但国家拿税收，工人拿工资，我们还可以学到技术和管理，得到信息和打开市场。在重大历史关头，邓小平为经济特区定性，提出“三个有利于”的标准，为经济特区进一步凯歌前进奠定了基础。

邓小平高度概括了深圳发展的经验，指出：深圳最重要的经验就是敢闯。这种“敢闯敢试”的精神，不仅是经济特区发展前进的动力，也是中国改革开放的时代强音，引领着全国改革开放伟大事业不断推进。由此可见，思想解放对改革开放事业的重要性。

深圳的发展实践是最好的证明。回望 40 年，深圳 90% 以上的创新型企业是本土企业、90% 以上的研发机构设立在企业、90% 以上的研发人员集中在企业、90% 以上的研发资金来源于企业……2020 年，深圳 GDP 达到 27670.24 亿元，深圳全社会研发投入占

GDP 比重达 4.9% 左右，处于世界领先水平，在全球率先实现 5G 独立组网全覆盖，高新技术产业发展成为全国一面旗。

经济特区、沿海开放，标志着中国改革开放进一步发展。1992 年，中国加快改革开放后，经济特区模式转移到国家级新区，上海浦东等国家级新区的建立和改革的深化及其发展，成为中国新一轮改革的重要标志。

2020 年 10 月 14 日，习近平总书记在深圳经济特区建立 40 周年庆祝大会上强调，深圳等经济特区的成功实践充分证明，党中央关于兴办经济特区的战略决策是完全正确的。经济特区不仅要继续办下去，而且要办得更好、办得水平更高。深圳等经济特区 40 年改革开放实践，创造了伟大奇迹，积累了宝贵经验，深化了我们对中国特色社会主义经济特区建设规律的认识。

建立社会主义市场经济体制

1992年1月17日，中国改革开放的总设计师邓小平登上南行列车，开始了他的南方之行。从1月18日到2月21日，邓小平视察了武昌、深圳、珠海、上海等地，一路发表重要谈话，阐述了关于改革开放的许多重大理论问题，提出“要抓紧有利时机，加快改革开放步伐，力争国民经济更好地上一个新台阶”的要求。

邓小平南方谈话，有着深刻的历史背景和时代特点。

从1978年到1992年的14年，我国改革开放和现代化建设取得了举世瞩目的成就，现代化建设的第一步战略目标已经实现，国家经济实力显著增强，城乡人民的生活明显改善。14年间，我国国民生产总值和城乡居民收入比翻了一番还多，成为新中国成立以来国家经济实力增长最快、人民得到实惠最多的时期。

与此同时，中国的改革与发展也面临着极其复杂的国内外形势，各种分歧和争执越发严重。国际上，1990—1991年接连发生苏联解体、东欧剧变，社会主义运动在世界范围出现了严重挫折。在国内，1988年伴随价格改革引起的全国性抢购风潮，以及经济体制中一些深层次矛盾的暴露……这一切，使一些人在思想上出现了困惑，有的人甚至提出改革开放究竟是姓“社”还是姓“资”的问题，担心搞市场经济，创办经济特区，发展非公经济，会导致资本主义。这些疑虑和担心，归结起来就是：党的“一个中心，两个基本点”的基本路线还要不要坚持？中国的改革开放要不要坚持？中国的发展能不能加快？这是党在当时首先要解决的问题。

在这个党和国家历史发展的紧要关头，邓小平以 88 岁高龄南下谈话。

邓小平的南方谈话，是对党的十一届三中全会以来的基本理论和基本实践的深刻总结，是对长期束缚人们思想的许多重大认识问题的科学回答，是把改革开放和现代化建设推进到新阶段的又一个解放思想、实事求是的宣言，如旋风席卷全国，影响世界，为中国走上有中国特色社会主义市场经济发展道路奠定了思想基础，中国掀起了又一轮改革开放的热潮。

为了总结党的十一届三中全会以来 14 年的实践经验，确定今后一个时期的战略部署，加快改革开放步伐，把经济建设搞上去，1992 年 10 月 12 日至 18 日，中国共产党召开了第十四次全国代表大会。大会以邓小平建设有中国特色社会主义理论为指导，动员全党同志和全国各族人民，进一步解放思想，把握有利时机，加快改革开放和现代化建设步伐，夺取有中国特色社会主义事业的更大胜利。

党的十四大在党的历史上第一次明确提出了建立社会主义市场经济体制的目标模式，作出了三项具有深远意义的决策：第一，抓住机遇，加快发展的决策和战略部署。党的十四大指出，我国经济能不能加快发展，不仅是重大的经济问题，还是重大的政治问题。因此，党的十四大对经济发展速度作了大幅度的调整，决定将 20 世纪 90 年代我国经济的发展速度，由原定的国民生产总值平均每年增长 6% 调整为增长 8%~9%。党的十四大还对加快经济发展作出了战略部署，提出了必须努力实现的十个方面关系全局的主要任务。第二，确立社会主义市场经济体制的改革目标。党的十四大指出，我国经济体制改革确定什么样的目标模式，是关系社会主义现代化建设全局的一个重大问题。这个问题的核心，是正确认识和处理计划与市场的关系。把社会主义基本制度和市场经济结合起来，建立社会主义市场经济体制，这是我们党的一个伟大创举。第三，确立了邓小平建设有中国特色社会主义理论在全党的指导地位。这是党的十四大最突出的特点和最重要的贡献。邓小平是我国社会主义改革开放和现代化建设的总设计师，对建设有中国特色社会主义理论的创立，作出了历史性的重大贡献。党的十四大对建设有中国特色社会主义理论的主要内容作了概括，并将这一理论及以此为基础的党的基本路线写进了党章。

在中国共产党的领导下，建立社会主义市场经济体制，既是改革开放实践的必然结果，也是十一届三中全会以来理论探索的重要成果。自党的十四大提出建立社会主义市场经济体制的目标以来，经过全党全国人民的共同努力，无论是社会主义市场经济理论研究还是实际改革，都取得了显著成就。

一国两制与港澳回归

1997年6月30日午夜至7月1日凌晨，中英两国政府香港政权交接仪式在香港会议展览中心隆重举行。

6月30日23时42分，交接仪式正式开始，中方国家主席江泽民、国务院总理李鹏、国务院副总理兼外交部部长钱其琛、中央军委副主席张万年、香港特别行政区首任行政长官董建华，英方查尔斯王子、首相布莱尔、外交大臣库克、离任港督彭定康、国防参谋长查尔斯·格思里，同时步入会场登上主席台主礼台。

1997年7月1日零时整，中华人民共和国国旗和中华人民共和国香港特别行政区区旗升起。零时4分，江泽民庄严宣告：中国对香港恢复行使主权。中华人民共和国香港特别行政区正式成立。来自世界各国700多家新闻媒体的8000多名记者见证报道了这历史性的一幕。这是中华民族的盛事，也是世界和平与正义事业的胜利。经历了百年沧桑的香港回归祖国，标志着香港同胞从此成为祖国这块土地上的真正主人，香港的发展从此进入一个崭新的时代。

英国对香港的殖民统治，始于第一次鸦片战争清政府战败后，1842年与英国签订的《南京条约》，将香港割让给英国。1860年，第二次鸦片战争清政府再次战败，被迫签订《北京条约》，将九龙半岛交给英国管治。1898 年，清政府与英国签订《展拓香港界址专条》，将深圳河以南 230 块大小岛屿总计 975.1 平方公里的土地（称“新界”）租借给英国，租期 99 年，至 1997 年 6 月 30 日期满。

1982 年 9 月，英国政府与中国政府开始就香港前途问题展开谈判。中国拒绝承认《展拓香港界址专条》等所有相关不平等条约，将按照“一国两制”的原则恢复对香港行使主权和治权。“一国两制”即“一个国家，两种制度”的简称，是指在一个中国的前提下，国家的主体坚持社会主义制度，香港、澳门、台湾保持原有的资本主义制度长期不变，是中国实现包括台湾、香港、澳门在内的国家和平统一的基本国策。

邓小平是“一国两制”构想的创造者，早在 1979 年 3 月 29 日，邓小平在北京会见访华的港督麦理浩时就指出，香港是中国的一部分。我们把香港作为特殊地区、特殊问题来处理，到了 1997 年香港问题不管如何解决，香港的特殊地位都可以得到保证，就是在 20 世纪末 21 世纪初相当长的时期内，香港可以搞它的资本主义，我们搞我们的社会主义。1982 年 9 月 24 日，邓小平会见访华的英国首相撒切尔夫人，就香港问题举行会谈。邓小平表示，中国政府不能不在 1997 年收回香港。我们的基本方针就是恢复行使主权并保持繁荣。这两者是统一的、不可分割的。在保持繁荣方面，中国希望取得英国的合作。

1984 年 12 月 19 日，中英双方经过两年多达 22 轮的谈判，最终正式签署了《中英联合声明》，宣告香港问题在“一国两制”的原则下和平解决。从 1997 年 7 月 1 日起，英国政府将香港的主权交还给中国，中国在香港成立特别行政区，开始对香港重新行使主权和治权。

1985 年 4 月，六届全国人大三次会议决定成立香港特别行政区基本法起草委员会。5 月，《中英联合声明》正式生效，香港进入历时 12 年的过渡期。1990 年 4 月，七届全国人大第三次会议通过《中华人民共和国香港特别行政区基本法》。1996 年 1 月，150 人组成的全国人民代表大会香港特别行政区筹备委员会在北京成立，标志着中国政府对香港恢复行使主权的各项准备工作进入具体实施阶段。与此同时，中国人民解放军驻香港部队组建完成，并于 1997 年 7 月 1 日零时起担负香港防务。1996 年 12 月，由 400 名香港永久性居民组成的香港特区第一届政府推选委员会以无记名投票方式，选举 59 岁的董建华为香港特别行政区第一任行政长官。

香港回到祖国的怀抱，洗刷了民族百年耻辱，完成了实现祖国统一的重要一步，是彪炳中华民族史册的千秋功业。香港回归也是“一国两制”伟大构想的成功实践，证明了这一政策的正确，同时为澳门问题的解决以及澳门的回归提供了实践范本，也为最终解决台湾问题，实现中国完全统一留下了一笔宝贵的财富。

继香港回归两年后，1999 年 12 月 20 日，澳门顺利回归祖国。

完成统一中国大业是全体中国人民的共同心愿。按照“一国两制”实现和平统一，符合中华民族根本利益。香港和澳门问题的解决，不仅使中国统一大业迈出重要一步，而且也为国际社会以和平方式解决国家间的历史遗留问题提供了新的范例。

事实证明，“一国两制”是解决历史遗留的香港、澳门问题的最佳方案，也是香港、澳门回归后保持长期繁荣稳定的最佳制度。

2019 年 12 月，在庆祝澳门回归祖国 20 周年大会暨澳门特别行政区第五届政府就职典礼上，习近平总书记深情回顾了澳门回归祖国 20 年来取得的举世瞩目的成就，充分肯定澳门在“一国两制”实践中的独特作用，深刻总结澳门“一国两制”成功实践的 4 点重要经验：一是始终坚定“一国两制”制度自信；二是准确把握“一国两制”正确方向；三是始终强化“一国两制”使命担当；四是始终筑牢“一国两制”社会政治基础。习近平总书记指出，包括港澳同胞在内的中国人民完全有智慧、有能力把“一国两制”实践发展得更好，把“一国两制”制度体系完善得更好，把特别行政区治理得更好。

航天事业

“航天”这个名词，最早是由被誉为“两弹元勋”的钱学森创造出来的，其灵感来自毛泽东主席的诗句“巡天遥看一千河”。他由航海、航空推理而出，人类在大气层之外的飞行活动称为“航天”，相应地，星际之间的航行就称为“航宇”，也就是“星球大战”或“流浪地球”那种场景。

新中国的航天事业，是被当时的国际环境“逼”出来的。前面讲“两弹一星”发展历程时已经说过。我国最早的核试验基地建设于1958年，而关于导弹的研究起步比核试验更早些，1956年10月8日，就建立了中国第一个火箭导弹研究机构——中华人民共和国国防部第五研究院，刚刚从美国归国的钱学森担任了首任院长。

应该承认，中国航天事业起步之初，确实得到了苏联无私的援助。1957年12月24日，一辆从莫斯科出发的专列抵达北京。车上除102名苏联火箭技术人员外，还有一份苏联“还给”中国的厚礼——两发近程地对地导弹。史书记载，200年前，康熙皇帝曾送给俄国沙皇两箱古代火箭；200年后苏联又将两枚现代火箭送给了中国，帮助中国发展“两弹一星”事业。这一年，世界上第一颗人造地球卫星在苏联发射成功，开创人类航天新纪元。

遗憾的是，好景不长，20 世纪 60 年代初，中苏之间矛盾和冲突加剧，苏联撤走专家，企图把刚起步的中国航天事业困杀于摇篮之中。中国航天尚未从襁褓中站立，便被迫走上了独立自主发展的道路。

中国人的性格向来是愈挫愈勇。在没有外援的情况下，中国科技工作者自力更生，靠着自己的双手，在核弹（原子弹、氢弹）相继试验成功前后，在导弹、卫星方面也取得了辉煌成就——

1960 年 11 月 5 日，仿制的第一枚导弹发射成功，中国人把自己制造出来的第一枚导弹命名为“东风”；1970 年 4 月 24 日 21 时，中国第一颗人造卫星发射成功，在宇宙中唱响了《东方红》歌曲，中国成为继苏联、美国、法国、日本之后，世界上第五个独立发射人造卫星的国家。1975 年，中国第一次成功地使人造卫星按预定计划返回地面。

当“两弹一星”的成功让所有中国人为之欢欣鼓舞的时候，中国的飞天梦也正在孕育之中。进入 20 世纪 80 年代，高科技与高技术产业成为反映一个国家综合实力的重要标志，成为一个国家发展战略的重要组成部分。1986 年 3 月，发展载人航天被列入了著名的“863”高技术发展计划。1992 年 9 月，中共中央作出实施中国载人航天工程的战略决策。作为继“两弹一星”后我国尖端科技领域的又一重大工程，中国依靠自己的力量，研制并发射了 15 种类型、50 余颗人造地球卫星，飞行成功率达 90%以上，卫星返回技术达到世界先进水平。通信卫星、气象卫星、返回式遥感卫星和科学实验卫星逐步形成系列，我国空间技术开始走向产业化。

从最早期的“东方红一号”卫星实现单向广播功能开始，后续的中国通信卫星经过了从“东方红一号”到如今“东方红五号”卫星平台的快速进步，在这些卫星平台的基础上我国建造了一系列通信卫星，成为中国的现代烽火台。

卫星导航技术长期以来由GPS系统一家独大，此外还有欧洲的“伽利略”和俄罗斯的“格洛纳斯”系统，中国起步之初曾想和“伽利略”合作，结果遭到拒绝。中国人一如既往地奋发图强，自主发展北斗卫星导航系统，2018年12月27日，“北斗三号”开始提供全球服务，包括“一带一路”沿线国家和地区在内的世界各地，均可享受到北斗系统的服务。如今中国的北斗已与GPS平分秋色。

进入21世纪以后，中国航天事业发展迅速。2003年10月15日，“神舟五号”载人飞船升空，杨利伟成功围绕地球十四圈，成为中国第一位太空人；2007年10月24日18时05分，中国首颗探月卫星“嫦娥一号”成功发射。后来陆续发射了“嫦娥”二号、三号、四号，如今“嫦娥四号”与“玉兔”月球车，依然工作在月球背面。航天事业的三个里程碑——“东方红”卫星、“神舟”载人飞船和“嫦娥”探月工程，后两项都是21世纪获得成功的。

脱胎于“东风”的运载火箭被命名为“长征”系列，纪念当年那场艰苦卓绝的转战。中国独立自主地研制了12种不同型号的

“长征”系列运载火箭，适用于发射近地轨道、地球静止轨道和太阳同步轨道卫星。有数据显示：“长征”系列运载火箭完成第一个100次发射历时37年，成功率为93%；第二个100次发射，仅历时7年，成功率为98%。发射周期从60天缩减到不到20天。可以看出，我国火箭设计、制造及管理能力得到大幅提升。2020年11月24日成功发射的重达8.2吨的“嫦娥五号”月球探测器组合体，不但完美完成了中国探月工程“绕、落、回”中最关键的采样返回任务，同时作为人类历史上最重最复杂的无人探月探测器，“嫦娥五号”时隔44年之后，代表人类再次取回了1731克月球样本。中国再不需要在当年美国赠送的1克月壤样本上雕花了。这次我们有足够的样本进行各种科学研究了。而在此次任务中验证掌握的各种技术，都将在下一步的中国航天计划中发挥作用。

当前，中国已初步形成了四个卫星系列——“东方红”通信广播卫星系列、“风云”气象卫星系列、“实践”科学探测与技术试验卫星系列和“资源”地球资源卫星系列。

今天，“东方红一号”依然运行在环绕地球轨道，成为见证中华民族历史性跨越的不朽丰碑。每年4月24日，也被确定为中国航天日。此时此刻，回头看来，中国航天的每一幕依然如此激动人心。

中国加入世界贸易组织

加入世界贸易组织（WTO）（以下简称“入世”），是中国改革开放进程中具有历史意义的一件大事，标志着我国对外开放进入一个新阶段。

自1986年7月中国正式向世界贸易组织的前身——关贸总协定（GATT）递交恢复缔约国地位（以下简称“复关”）申请起，谁也没想到，这场谈判竟进行了15年，这期间，中国代表团换了四任团长，美国换了五位首席谈判代表，欧盟换了四位。

关贸总协定成立于1947年，中国是缔约国之一，但这个地位长期被国民党当局占据。因此，中国政府最早提出的是“复关”申请。1995年1月1日，关贸总协定转为世界贸易组织，中国政府随即改“复关”为“入世”申请。

1992年，党的十四大召开，明确了我国建立社会主义市场经济体制的改革目标，谈判的“关节点”迎刃而解。正如江泽民在党的十四大上明确提出：中国经济体制的改革目标是建立社会主义市场经济体制。这标志着我们对社会主义建设的认识达到了新的高度，大大推动了我国“复关”谈判的进程。

1992 年 10 月，关贸总协定第 11 次中国工作组会议召开，正式结束了对中国经济贸易体制长达 6 年的审议，谈判进入实质性阶段。与此同时，我国国内社会主义市场经济改革的步伐明显加快。中国从自身发展需要出发，主动进行了关税与非关税措施的减让；逐年降低了外资准入标准；加紧清理、修订了相关法律法规。这些措施有力促进了“入世”谈判。

1993 年底，在同美国总统克林顿举行首次会晤时，江泽民阐明了中国“复关”的三项原则：第一，关贸总协定是一个国际性组织，如果没有中国这个最大的发展中国家参加是不完整的；第二，中国要参加，毫无疑问是作为发展中国家参加；第三，中国加入这个组织，其权利和义务一定要平衡。这三项原则明确了中国在谈判中的地位，反映了中国发展的现实，决定了互利共赢的谈判目标，从而为中国“复关”（“入世”）谈判定了基调。

对中国“复关”的三项原则，一些发达国家从一开始就坚决反对，他们反对的焦点是中国“作为发展中国家”的身份。但在这个问题上，中国坚持不让步，江泽民指出，我们绝不会为了加入世界贸易组织，拿国家的利益和安全做交易。这就是我们的政治底线。谈了 15 年，中国在原则问题上坚持了 15 年。经过艰苦谈判，双方最终妥协，我国同意不在法律文件中明确写出中国享受发展中国家待遇，而发达国家成员则同意“以灵活务实的态度解决中国的发展中国家地位问题”。谈判实际结果，就是中国享受发展中国家的大部分过渡期和相应的权利，从而充分体现了三项原则的基本精神。

1999年3月，朱镕基在中外记者招待会上说："中国进行'复关'和'入世'谈判已经13年，黑头发都谈成了白头发，该结束这个谈判了。现在存在这种机遇。第一，WTO成员已经知道没有中国的参加，WTO就没有代表性，就是忽视了中国这个潜在的最大市场。第二，中国改革开放的深入和经验的积累，使我们对加入WTO可能带来的问题提高了监管能力和承受能力。因此，中国准备为加入WTO作出更大的让步。"

在中国"入世"谈判中，最难打的硬仗莫过于中美谈判，其次是中欧谈判。中美谈判进行了25轮，中欧谈判进行了15轮。中美谈判范围广、内容多、难度大，美国凭借其经济实力，要价高，立场强硬，谈判又不时受到各种政治因素干扰。1999年最后一轮中美谈判，朱镕基亲临现场，坐镇指挥。中方代表坚持原则，经过六天六夜的艰苦谈判，取得了双赢效果。11月15日，中美两国政府在北京签署了关于中国加入世界贸易组织的双边协议，标志着中美长达13年的谈判正式结束，为中国"入世"扫除了最大障碍，迈出了最关键的一步。2000年5月19日，中国和欧盟在北京就中国"入世"达成双边协议，中国"入世"进入最后的程序阶段。

2001年11月10日，世界贸易组织第四届部长级会议在卡塔尔首都多哈以全体协商一致的方式，审议并通过了中国加入世界贸易组织的决定。11月11日，时任外经贸部部长石广生在中国加入世贸组织议定书上签字。随后，他向世贸组织总干事递交了江泽民签署的中国加入世贸组织的批准书。12月11日，中国正式成为世界贸易组织成员。

2001年中国加入世界贸易组织，是中国走向世界舞台过程中具有历史意义的大事。第一，“复关”坚持了“一个中国”的原则。1971年，中华人民共和国恢复了在联合国的合法席位，但在关贸总协定中，代表中国的仍是台湾当局。所以，中国重返联合国后，就着手“复关”申请与谈判。第二，“入世”为中国融入全球经济体系提供了广阔的发展空间。当然，这既是挑战也是机遇。实践证明，“入世”之后，中国成功地应对了挑战，转危为机，经济高速发展，在世界经济体系中的影响越来越大。第三，“复关”和“入世”谈判与中国改革开放互相促进。中国的改革开放推进了谈判的进展，“复关”和“入世”谈判也促进了中国改革开放的深入。第四，中国“入世”使世贸组织的成员结构发生了变化，发展中国家开始拥有更多话语权。

2008年北京奥运会

在世界的舞台上，没有哪一项活动能够像奥林匹克运动会那样，让不同国籍、民族、信仰的人们在一起，抛却分歧，超越差异，共同感受团结、友谊与和平。

1932年，中国人刘长春远赴美国洛杉矶，孤身走进第10届奥运会赛场的悲怆一幕，曾经深深刺痛着中华民族的心。52年后，射击运动员许海峰以566环的成绩，夺得第23届奥运会男子自选手枪慢射冠军，为中国赢得第一枚奥运金牌。从那时起，中国运动员顽强拼搏，为国争光，打开了一扇世界了解中国的窗口。

与此同时，改革开放带来了中国经济的飞速发展，中国奇迹震惊世界。承办一次高水平奥运会，更多地汲取人类社会文明的优秀成果，让各国人民感受东方大国的善意和真诚，日益成为当代中华儿女的渴望和使命。

1993年9月，微弱的两票之差，北京申办2000年奥运会失利。但是，中国以更加包容的心态继续拥抱奥林匹克精神，继续在与不同文化的交流激荡中丰富自身的文明。2001年7月13日晚上，国际奥委会主席萨马兰奇先生在莫斯科宣布，北京成为2008年奥运会主办城市。北京40万群众涌向天安门广场，彻夜狂欢庆祝。

由此开始，中国进入长达7年的“北京奥运时间”。2002年，《北京奥运行动规划》正式公布实施，提出了“新北京、新奥运”两大主题和“绿色奥运，科技奥运，人文奥运”三大理念。2003年12月，国家体育场和国家游泳中心开工奠基，拉开了北京奥运会体育场馆建设的序幕。2005年6月，“同一个世界、同一个梦想”（One World, One Dream）成为北京奥运会主题口号。办好北京奥运会，成为整个中国倾力完成的首要之事。

2008年3月24日，希腊赫拉神庙遗址，北京奥运会圣火取火成功。3月31日，奥林匹克圣火抵达北京，时任中共中央总书记、国家主席胡锦涛点燃圣火盆，宣布北京2008年奥运会火炬接力开始。

以“点燃激情，传递梦想”为口号的这一次火炬“和谐之旅”，历时130天，总里程约13.7万公里，参与传递火炬手21780人，成为奥林匹克历史上线路最长、范围最广、参与人数最多的一次奥运圣火传递。它承载了中国传统文化“渊源共生，和谐共融”的理念，点燃了世界人民对奥运会的期盼与激情。手与手传递，心与心交融，来自不同肤色、不同种族人们的祝福与鼓励，把奥林匹克凝聚的人类共同理想推向前进。

工程建设是北京奥运筹备工作的重中之重，完美体现了当代中国建筑工人的创新技艺和奉献精神。北京奥运共有12个新建场馆、11个改扩建场馆、8个临时场馆和10余项重要配套项目，自主创新贯穿了整个工程建设的全过程。这些奥运工程结构形式多样、造型复杂、施工难度很大，通过建设过程中的技术攻关和技术积累，创新研发出一大批国家建设急需的施工技术、工艺和材料设备。其中，“鸟巢”主体育场采用的中厚钢板焊接技术、箱型弯扭构件及微扭节点制作技术，“水立方”游泳馆采用的新型多面体空间钢架结构施工技术，国家体育馆采用的大跨度双向张弦钢屋架及带索累积滑移施工技术，首都国际机场“T3”航站楼采用的钢管柱内虹吸雨水管道安装技术，都达到了国际先进水平，彰显出中国工人阶级的力量。

2008 年 8 月 8 日 20 时，举世瞩目的北京奥运会开幕式在国家体育馆隆重举行，9.1 万名观众以及多国元首政要齐聚“鸟巢”主体育场，共同见证这一激动人心的历史时刻。体育场中央，2008 位表演者击缶而歌，吟诵着“有朋自远方来，不亦乐乎”，表达对世界各地奥运健儿和嘉宾的欢迎。五彩的焰火在夜空次第绽放，勾勒出象征着第二十九届奥运会的 29 个巨大脚印，在国家体育场上空幻化成飞泻而下的繁星，在地面汇聚成闪闪发光的奥运五环。以“美丽的奥林匹克”为主题的大型文艺表演，奏响奥林匹克与中华文明交融交汇的华丽乐章。

纵观现代奥林匹克运动的历史，北京奥运会成为一次有特色、高水平的体育盛会。16 天里，来自 204 个国家和地区的 1 万余名运动员友好竞技，刷新了 38 项世界纪录和 85 项奥运会纪录。作为东道主，中国凭借完善的比赛场馆设施和出色的组织服务工作，赢得了奥林匹克大家庭和国际社会的广泛好评。中国体育代表团取得了 51 枚金牌、100 枚奖牌的优异成绩，第一次名列奥运会金牌榜首位，创造了中国体育代表团参加奥运会以来的最好成绩。闭幕式上，国际奥委会专门向 12 名志愿者代表献花，向近 150 万名北京奥运会志愿者的真诚奉献和优质服务表示诚挚谢意。时任国际奥委会主席罗格表示，这是一届真正的无与伦比的奥运会，16 个光辉的日子将在人们心中永远珍藏。

熊熊燃烧的北京奥运圣火缓缓熄灭，中国人民拥抱世界的热情之火将永远燃烧。一部荣辱交织的中国奥运史，是一个国家走向富强的沧桑梦想，是一个民族拼搏奋进的艰难历程。北京奥运会提升了中国的国际声望，强化了民族认同感，增强了社会凝聚力和政府行政能力，加速了中国社会进一步走向世界和拥抱未来的发展进程。北京奥运会后的中国，更加致力于和平的发展、开放的发展、合作的发展，更加致力于同世界各国人民一道，建设持久和平、共同繁荣的和谐世界。

农民工队伍

农民工的发展史，基本上就是一部改革开放史。

农民工是中国改革开放后产生的新事物，是城乡二元结构与现代化叠加的产物。20世纪80年代以来，农村剩余劳动力开始向城市流动，农民工最早就出现在乡镇企业比较发达的苏南和广东珠江三角洲地区。1992年邓小平南方谈话以后，中国非公有制经济飞速发展。国家开始放宽农民进城务工的条件，这些外来打工者被称为“外来务工人员”，从此，城镇农民工进入快速增长时期。据统计，1993年全国农民工流动总量约为2000万人，此后迅速增长，到2018年全国农民工流动总量达到2.88亿人，其中，1980年及以后出生的“新生代”农民工占到半数以上。

作为一个庞大的就业群体，农民工显然已成为中国产业工人的重要组成部分。根据第五次人口普查的结果，农业户口人员占第二、三产业就业人口的比重已高达46.5%，第二产业中农业户口从业者已占到57.6%，建筑业占到80%。这说明，农民工已具备了工人阶级的主要特点，不仅充当了城市工人的职业角色，而且以青年人为主体的农民工中的大多数已经跳出了传统农民的传统观念和生活方式，接受了城市文明、工业文明，不仅在知识技能方面向工人阶级转化，而且在思想上、观念上、行动上也逐步与工人阶级融合，成为工人阶级的新鲜血液。

但是曾经有很长一段时间，由于传统二元户籍制度限制，农民工一直无法真正融入城市，成为长期生活在城市的“边缘人”，并由此引发了一系列问题。政治方面，农民工干了工人的活儿，但很难得到相应的任用、培训、升迁，更不用说在企业当家作主。经济方面，农民工与城镇职工相比，不仅同工不同酬、同工不同权，还是欠薪的重点。社会保障方面，农民工因为没有城镇居民的户籍，因而不能享有城市居民拥有的各项社会福利和保障。

党和政府高度重视农民工工作，相继出台一系列措施，农民工的状况不断改善。全国总工会也把农民工工作作为重中之重，鉴于中国工人队伍构成已发生了历史性变化，把农民工纳入产业工人的范畴应是水到渠成的事情。2003 年，中国工会十四大提出“农民工已经成为我国工人阶级的新成员和重要组成部分”。将农民工尽量地吸收到工会中，维护农民工合法权益成为工会组织的一项重要任务。全国各级工会多年来大力加强工会组织建设，把包括农民工在内的工人最大限度地组织到工会中来。到中国工会十七大召开前，全国工会会员总数为 3.0 亿人，其中农民工会员达到 1.4 亿人。

同时，各级工会创新农民工维权服务工作，努力为农民工排忧解难。进入 21 世纪后，农民工帮扶救助一直是工会帮扶工作的重点。全国总工会在 2008 年、2010 年、2012 年发布的《维护农民工合法权益工作要点》中，都明确提出要开展困难农民工帮扶救助，为农民工排忧解难。

多年来，我们耳熟能详的行动有：

——“两个普遍”。2010年全国总工会提出“两个普遍”的要求中，强调要加大工会组建力度，提高工会组建质量，最广泛地把包括农民工、劳务派遣工在内的广大职工吸收到工会组织中。

——“农民工有困难、要维权找工会”行动。针对一些企业拖欠工资问题，全国总工会会同人力资源和社会保障部、住房城乡建设部、公安部联合开展“农民工工资支付专项检查”，敦促企业及时发放职工工资，着力防止新的欠薪问题发生。同时，各级工会积极推动建立健全工资支付保障制度，解决拖欠农民工工资问题。配合人力资源和社会保障部门建立多种监督检查制度，督促企业贯彻执行最低工资保障制度和工资支付制度。

——“农民工平安返乡”行动。从2007年起，各级工会协助铁路、交通等部门，组织开通农民工专列，为农民工购买团体票，运送农民工平安返回家乡。

——“千万农民工援助行动”。2009年，全国总工会提出在年内实现对500万名农民工进行就业援助、生活救助和维权服务的工作目标。当年即投入资金10.1亿元，对1393.58万名农民工进行了就业培训、岗位援助、创业指导、维权服务和生活帮扶。

2008年10月，中国工会第十五次全国代表大会在北京举行。参加大会的正式代表中有农民工代表47名，这是改革开放以来在中国工会代表大会上第一次出现农民工代表，体现了工会在新的时代背景下对农民工工作的重视和要求。

进入新时代以来，农民工工作受到进一步重视，经济和社会地位也进一步提高。2016年1月17日，全国总工会十六届四次执委会，中铁电气化局集团第一工程公司接触网工人巨晓林当选为全国总工会兼职副主席。中国工会最高机关，第一次出现了农民工的身影。

改革开放40多年来，中国农民工随着改革开放的进程而发展壮大，甚至可以说，他们以辛勤的劳动支持和成就了中国改革开放的进程。尽管目前这一群体还面临这样那样的问题，但我们确有理由相信，随着中国特色社会主义深入发展，在实现“两个一百年”宏伟目标的进程中，他们和其他中国人民一道，将迎来更加美好的明天。

工人阶级参政议政

在旧中国，工人阶级地位极低，温饱尚且难得，参政议政更属梦想。

然而，共产党就是为了包括工人阶级在内的广大人民群众的这个“梦想”而奋斗的。在革命战争时期，只要一有条件，就会为这一梦想而实践。在井冈山、瑞金苏区，在延安，在陕甘宁边区和解放区都不同程度地实现了这一梦想。

共产党奋斗28年后，终于建立了新中国，工人阶级成了国家的主人，参政议政的梦想也变成了现实，更多工人出身的领导干部参与国家事务的管理。

1954年9月，第一届全国人民代表大会第一次会议在北京举行。作为国家最高权力机关，为期14天的这次会议通过了新中国第一部宪法，同时通过了全国人民代表大会组织法、国务院组织法等5部法律，以无记名投票方式选举出国家领导人，国家领导机构全面建立起来。一届全国人大代表中有孟泰、马恒昌、马万水、马六孩、梁军等开国劳动模范。来自基层的一线工人代表，出现在这一重要场合。

在基层，职工群众是通过职工代表大会等形式，参与民主管理，参政议政。即职工代表大会是企业实行民主管理的基本形式。1956 年，社会主义改造出现高潮。为了做好公私合营企业的工会工作，全国总工会提出：改造企业，改造资本家，必须依靠广大职工群众，在公私合营企业中同样需要实行民主管理。1957 年，中共中央决定在企业中试行职工代表大会制度，职工代表大会的民主权利得到进一步扩大。它不仅有权听取厂长的工作报告，审查企业的生产、财务、技术计划和劳动工资计划，提出各项建议，而且有权审查和讨论企业内部有关职工生活福利各项经费的开支，在不违反上级机关的指示、命令的条件下作出决议。在必要的时候，它可以向上级管理机关建议改变某些指示、命令和撤换某些企业领导人员。

职工代表大会制度的试行，体现了职工在企业中当家作主的地位，鼓舞了职工的劳动热情和生产积极性，工会组织职工通过职代会提合理化建议，改进技术和生产管理，取得了很好的效果，也受到企业行政方面的赞誉和支持。

中国工会八大通过的工会章程，对职工代表大会作了专门规定："厂矿企业中的职工代表大会（小企业是全体职工大会），是职工群众参加企业管理，监督企业行政和加强自我教育的组织。"此后，1962 年 9 月，中共中央发出《关于讨论和试行国营工业企业工作条例（草案）的指示》，对企业职工代表大会作了明确规定：企业各级的职工代表大会和职工大会，必须按期由工会召开，职工代表大会在闭会期间，日常工作由工会主持。此后，从社会主义建设时期到改革开放时期，职工代表大会制度一直得到了坚持、完善和发展。

党的十一届三中全会以来，工人代表参政议政的声音越来越响亮，职代会制度不断健全。1980 年五届全国人大三次会议明确指出：职工代表大会或职工代表会议作为权力机构，有权讨论和决定自己职权范围内的重大问题，有权选举、罢免或建议任命、建议罢免本单位的行政领导人员。

1981 年 11 月 30 日至 12 月 13 日，五届全国人大四次会议在北京举行。12 月 15 日，《工人日报》第三版刊出了出席人大、政协会议的部分劳模在全国总工会召开的座谈会上的发言摘要。其中，南京师范大学附属小学特级教师斯霞代表建议“为四化建设培养合格人才”，河南郑州国棉六厂挡车工孙景荣代表建议“抓好对青工的传帮带”，木工出身的重庆钢铁公司副总工程师黄荣昌代表建议“技术改造要走自己的路”。

1983 年 6 月 6 日，六届全国人大一次会议开幕当日，湖南涟邵矿务局采煤工易政求头顶矿灯的照片，刊登在《工人日报》头版头条的位置。此后的十余天里，一线工人代表的声音被大量传递出来，密集程度前所未有。

年复一年，届复一届。工人议政的声音逐渐强大，引起社会的广泛关注。这些来自生产一线的声音，带着火热的激情和梦想，直击烦冗的拖沓和束缚，粗朴而有力，为正在进行的中国民主政治建设注入了新的活力。

1993年3月，八届全国人大一次会议在北京隆重开幕。来自大会新闻中心的资料显示，人民选举出的2989名八届全国人大代表中，身份是工人的代表有300多人。

2007年3月，十届全国人大五次会议举行。全国人大常委会副委员长、秘书长盛华仁用2000字的篇幅，对十一届全国人大代表名额和选举问题的决定（草案）进行说明。盛华仁表示，我国农民工队伍不断壮大，已成为产业工人的重要组成部分，他们在全国人大中也应有适当名额的代表。

历史航行的巨轮，就这样又一次驶入一个重要的时间点。2008年1月，继农民工胡小燕、康厚明先后当选十一届全国人大代表后，朱雪芹的名字出现在上海市十一届全国人大代表64人名单中。

3名农民工代表，成为2987名十一届全国人大代表中的耀眼明星。2008年3月，胡小燕、康厚明、朱雪芹联袂亮相，以最高国家权力机关组成人员的身份走进人民大会堂。

2010年3月，十一届全国人大三次会议在北京召开。5位一线工人代表把公平分配社会财富的问题端向前台。这是利益表达时代下的一次典型性工人议政。5位工人代表表现出足够的勇气，愿意直观描述自己略显尴尬的生存状态，用来凸显千百万工友共同的呼声和期盼。

2015年，上海技术工人李斌带来的建议是增加国家科学技术奖励中工人和农民的名额，“希望通过这种方式，提高劳动者的创新积极性”。

2017 年 3 月 3 日下午，在十二届全国人大五次会议上，习近平总书记参加了上海代表团审议。李斌在发言里，引用了“只有 1% 的人想当工人，认为工人社会地位低的人占了九成以上”的数据，满座震惊。习近平总书记表示，要想办法调动一线工人、制造业工人、农民工的积极性，这也是社会主义的本质要求。工人阶级是主人翁，主人翁的地位要体现出来。

2017 年 6 月，中共中央、国务院印发了《新时期产业工人队伍建设改革方案》，明确提出要把产业工人队伍建设作为实施科教兴国战略、人才强国战略、创新驱动发展战略的重要支撑和基础保障，纳入国家和地方经济社会发展规划，造就一支有理想守信念、懂技术会创新、敢担当讲奉献的宏大的产业工人队伍。

今天，来自一线工人包括农民工在内的全国人大代表，已经成为国家最高权力机关里的重要力量。他们的参政议政故事，迸发出生生不息的力量。

今天，工人代表的每一次利益表达，都构成了中国民主政治生活的生动细节。不同社会阶层的政策博弈，正在因为他们的出现变得更加公正和公平。

工人先锋号

20世纪90年代以来，中国工会努力打造自己的品牌特色，先后推出了六大品牌：送温暖工程、五一劳动奖、工人先锋号、大国工匠、职工书屋、职工之家。其中工人先锋号是以“创一流工作、一流服务、一流业绩、一流团队”为活动内容的荣誉称号，它面向的是车间、班组、工段，覆盖范围最广。如果说五一劳动奖、职工书屋等需要走进企业才看得到的话，工人先锋号的牌子则在街头就可遇见——公共汽车上、公路收费站上、交通岗亭中……受到表彰的既有默默无闻的车间班组，也有赫赫有名的公安局反恐怖和特警总队，还有沉着应对空中险情的英雄机组，以及成果累累的中国人民大学马克思主义学院。

比起五一劳动奖、职工之家等工会传统品牌，工人先锋号算是后起之秀，它的历史与职工书屋一样，起源于“十一五”时期。

2007年8月，全国总工会下发《中华全国总工会关于深入开展创建“工人先锋号”活动的实施意见》，要求各地把创建活动作为“当好主力军、建功‘十一五’、和谐奔小康”竞赛活动的重要抓手，围绕一流工作、一流服务、一流业绩、一流团队目标，在全国各行各业迅速掀起创建“工人先锋号”活动高潮，努力使“工人先锋号”成为全国统一、长期坚持、职工认可、影响广泛的劳动竞赛品牌。

在全国总工会的力推下，各级工会动员组织职工，广泛开展“当好主力军、建功‘十一五’、和谐奔小康”和创建“工人先锋号”竞赛活动。这一系列活动包括：

——围绕提高职工技术技能水平目标，开展培养知识技能型、技术技能型、复合技能型高技术人才竞赛；

——围绕增强自主创新能力，开展以小革新、小发明、小改造、小设计、小建议为重点的技术创新竞赛；

——围绕节能降耗、实现经济发展目标，开展“我为节能减排做贡献”和多种形式的建功立业竞赛活动；

——围绕推动区域协调发展，开展“东北地区老工业基地振兴杯”劳动竞赛；

——围绕重点工程积极开展有特色的劳动竞赛。全国总工会先后在青藏铁路建设工程、杭州湾大桥工程、北京奥运工程、上海世博会工程和金沙江水电工程等国家重点工程建设中组织开展劳动竞赛，充分激发职工潜能，推进技术进步。

随着这些竞赛的进行，创建“工人先锋号”竞赛活动也在各行各业有效展开，成为“当好主力军、建功‘十一五’、和谐奔小康”竞赛活动的重要抓手。据统计，仅2008年度，全国开展劳动竞赛的企事业单位工会达24.4万个，参加劳动竞赛的职工达5148.2万人次。

2008年“五一”前夕，全国总工会命名表彰了1055个全国

“工人先锋号”，各省（区、市）总工会命名了5221个“工人先锋号”。那一年，四川汶川发生特大地震，在抗震救灾中，工人先锋号的旗帜在震区高高飘扬，广大职工为抗震救灾和灾后重建作出了巨大贡献。为此，全国总工会命名表彰了1199个战斗在救灾一线以及积极支援灾区的先进集体“抗震救灾重建家园‘工人先锋号’”。

此后，工人先锋号成为工会工作著名品牌和有力抓手。2008年10月17日，中国工会第十五次全国代表大会上的报告中提出的今后五年的主要任务，就包括“以创建‘工人先锋号’为载体，广泛开展职工建功立业活动”。

在应对全球金融危机之时，全国总工会提出“共同约定行动”，要求充分发挥工会在保增长、扩内需、调结构中的重要作用，促进企业与职工同舟共济、共克时艰、共谋发展、互利共赢。各级工会在督促企业特别是国有企业做到不裁员、不减薪的同时，动员吸引广大职工积极参加“同舟共济保增长、建功立业促发展”竞赛活动；把共同约定行动纳入以创建“工人先锋号”为载体，大力深化“当好主力军、建功‘十一五’、和谐奔小康”主题竞赛之中，充分激发广大职工的劳动热情和创造活力。据不完全统计，截至2009年底，全国有80%的企事业单位和72.2%的职工参与竞赛，共提出合理化建议1400多万条，实施建议616.2万条，技术革新312万项，发明创造45万项。

在“十二五”时期，全国总工会发布《中华全国总工会2011—2015年劳动竞赛规划》，要求全国各级工会组织动员广大职工，广泛开展创建“工人先锋号”和“当好主力军、建功‘十二五’”主题劳动竞赛等多种形式创先争优建功立业活动。各级工会和广大职工响应全国总工会号召，以创建“工人先锋号”为载体，推动劳动竞赛创新发展。2011 年，全国总工会将“西部大庆”、港珠澳大桥、新疆交通项目、保障性安居工程等 4 个工程建设劳动竞赛纳入全国重大工程示范性劳动竞赛。各地共有 1300 多个省级以上重大工程项目中开展了重大工程劳动竞赛。

“十三五”时期，各级工会以“践行新理念、建功‘十三五’”“当好主人翁、建功新时代”为主题，广泛开展全国引领性劳动和技能竞赛。全国总工会制定下发《2016—2020 年劳动和技能竞赛规划》，并根据国家重大战略设计竞赛载体，围绕京津冀协同发展、长江经济带发展、“一带一路”建设等国家重大战略开展全国引领性劳动和技能竞赛，以创建“工人先锋号”为载体，广泛开展班组竞赛活动。

十多年来，广大职工在“工人先锋号”的旗帜下，积极投身劳动竞赛，建功立业，为建设中国特色社会主义作出了工人阶级应有的贡献。如今，“工人先锋号”已成为一张闪亮的工会“名片”。

外企建会

随着改革开放的深入，越来越多的外资进入中国开店设厂，越来越多的工人进入外资企业打工。起初，这些外资企业的工人还是令人羡慕的，然而随着经济的发展、改革的深入，一些外企的职工权益问题也开始凸显。

中国工会高度重视维护职工权益。为加强外商投资企业的工会工作，中国工会十二大强调，在外资企业中要依法组建工会，维护职工的合法权益。1994 年 1 月，全国总工会向党中央上报了《关于外商投资企业劳动关系和组建工会情况的报告》，3 个月后，党中央、国务院转发了全国总工会的报告，为加强外商投资企业工会工作提供了指导性文件。1995 年 3 月，全国总工会十二届五次主席团会议就进一步加强对外商投资企业工会工作的领导提出了要求。此后，全国总工会设立了外商投资企业工作办公室。同年 8 月，全国总工会与中国外商投资企业协会联合下发《关于在外商投资企业开展“双爱双评”活动的通知》。在全国总工会有力指导推动下，各地工会重点加强外商投资企业工会组建，在实践中创造了许多有效方式，比如坚持党建带工建，坚持建会目标考核的激励机制，坚持抓住关键、以点带面等，取得显著效果。在各地工会努力下，到1995年底，全国已累计组建外商投资企业工会46107家，占开业企业数的57.05%。外资企业工会工作力度不断加大，对危害职工安全与健康、侵犯职工人身权利、克扣侵吞职工工资、非法阻挠组建工会等突出事件进行了坚决斗争，有效维护了职工的合法权益。

然而，事情并非一帆风顺，在外资企业建会过程中，遇到了一些阻力，比较典型的就是沃尔玛。这家公司自1976年成立以来，一直保持着在美国国内绝不雇用工会成员的纪录，这也成为其饱受抨击的主要原因之一。2005年，乔治亚大学特里商学院做了一次模拟民意测验，主题是“谁是美国最受憎恨的公司”，沃尔玛几乎全票当选。

沃尔玛1996年进入中国后，也一直延续了这一传统。2004年10月，全国总工会批评沃尔玛、三星和柯达等部分外资巨头拒绝建立工会。受到非议的三星和柯达很快回应，称将配合员工建立工会，而沃尔玛却以“全球惯例”的说辞对此予以回避。全国总工会多次上门做工作，沃尔玛总部再次以“职工并未提出申请”为说辞，给予拒绝。

当时，资本的强势与傲慢，在很多地方不同程度地存在，而且受到某些政府部门的默许甚至纵容，一些外企对建立工会存在抵触情绪，动辄搬出“国际惯例”，甚至以“建工会就撤资”为条件要挟地方政府。

面对困境，工会组织上门发动职工，唤醒职工的“合法要求”

和“主动意愿”。2006 年 7 月 29 日零时 40 分至清晨，沃尔玛深国投百货有限公司泉州晋江店肉类部职工柯云龙与 24 名同事顶着巨大的压力，组建了沃尔玛（中国）公司的第一家工会。

沃尔玛在从抵触建立工会到建成首家工会的过程中，对中国工会法律、工会组织、工会作用逐渐有了了解和认识。沃尔玛中国总部公共关系总监董玉国曾表示，沃尔玛总部意识到中国工会与美国工会不可相提并论。

在全国总工会和沃尔玛所在地各级工会的领导和指导下，沃尔玛工会迅速按照中国工会章程开展工作，既用有温度的措施维护职工权益，又团结动员职工努力工作，维护企业发展。沃尔玛工会也受到职工和行政管理方的双重支持。截至 2006 年 9 月底，全国 30 个城市中的 62 家沃尔玛分店全部建立工会组织。沃尔玛工会工作全面推开，逐步融入中国工会的宏大体系中。尤其是在 2008 年全球经济危机给企业带来巨大影响和困难的日子里，沃尔玛工会组织成为让职工与企业“抱团取暖”、共克时艰的强大纽带。

沃尔玛成功建会后，外资企业组建工会工作呈现出势如破竹的势头。长期不建会的富士康、戴尔等一批跨国公司纷纷组建工会。截至 2008 年 6 月，全国工会基层组织数 170.2 万个，外商投资企业（含港澳台）、私营企业建会率分别为 81.5%、75.9%。到 2008 年 9 月底，在华世界 500 强等跨国公司已经组建工会 3768 家，建会率达到 81%，其中，在华 367 家世界 500 强跨国公司总部中的 213 家建立了工会组织。

2019 年春，沃尔玛大益店工会委员会，组织四个分区共计 30 多个会员代表，齐聚会议室召开工会第四届职工代表大会第一次会议，共商 2019 年员工活动、福利、培训等工作。作为职工代表之一的总经理 David，给工会提出了非常有建设意义的活动新点子。职工代表们在会议中积极提出自己的建议，为工会活动建言献策，气氛热烈活跃。工会主席现场回复职工代表们提出的问题，并承诺认真落实职工代表们提出的建议。作为职工的“娘家人”，沃尔玛工会做着贴心的服务。

如今，“外企建会”已不再是一个专有名词，各种所有制性质的企业一视同仁，建立工会组织。截至中国工会十七大召开前，基层工会组织 280.9 万个，覆盖单位 655.1 万个，工会会员达到 3 亿人。

通过中国的工会组织，外资企业可以在法律的轨道上求得统一、实现平衡，建立起劳资两利的关系。

中国梦

中国梦是习近平总书记所提出的重要指导思想和重要执政理念，核心目标可以概括为“两个一百年”，到2021年中国共产党成立100周年和2049年中华人民共和国成立100周年时，逐步并最终顺利实现中华民族的伟大复兴。

2012年11月29日，习近平总书记和其他十八届中央政治局常委来到国家博物馆，参观《复兴之路》基本陈列，回顾近代以来中国人民为实现民族复兴走过的历史进程。他们走进一个个展厅，仔细观看展览，认真听取工作人员讲解。一幅幅图片，一张张图表，一件件实物，一段段视频，把人们带回了近代以来跌宕起伏、波澜壮阔的难忘岁月。

从19世纪末列强割占领土、设立租借地、划定势力范围示意图，到鸦片战争期间虎门的大炮；从反映辛亥革命的文物和照片，到《共产党宣言》第一个中文全译本；从《中国共产党的第一个纲领》等文物和照片，到中华人民共和国第一面五星红旗，中国人民从不屈服，不断奋起抗争，终于掌握了自己的命运，开始了建设自己国家的伟大进程。

2013年3月17日，在十二届全国人大一次会议闭幕会上，刚刚当选的国家主席习近平发表了将近25分钟的重要讲话，其中9次提及“中国梦”，44次提到“人民”，先后获得13次掌声，有关中国梦的论述更是一度被掌声打断。

实现中国梦必须走中国道路，必须弘扬中国精神，必须凝聚中国力量。中国梦归根结底是人民的梦，必须紧紧依靠人民来实现，必须不断为人民造福。有梦想，有机会，有奋斗，一切美好的东西都能够创造出来。只要我们紧密团结，万众一心，为实现共同梦想而奋斗，实现梦想的力量就无比强大，我们每个人为实现自己梦想的努力就拥有广阔的空间。

中国梦凝结着无数仁人志士的不懈努力，是全体中华儿女坚定不移、代代相传的信念。实现中华民族的伟大复兴，凝聚了几代中国人的夙愿。1840年以来，列强入侵，封建统治腐朽，中国逐步沦为半殖民地半封建社会，时至1949年新中国成立，短短109年的时间，帝国主义用坚船利炮强加给中华民族的不平等条约，达到了1100多个，民不聊生，山河破碎，中华民族遭受了前所未有的苦难。为实现中华民族的伟大复兴，无数仁人志士进行了坚持不懈的探索和不屈不挠的斗争，但都以失败告终。

半殖民地半封建社会与反帝反封建反官僚的历史境遇，决定了中国共产党的使命就是改变旧中国的社会性质和拯救陷于水深火热的中国人民，决定了中国共产党就是要为中国人民实现民族独立、人民解放和国家富强、人民幸福而斗争。自成立之日起，中国共产党就义无反顾地肩负起实现中华民族伟大复兴的历史使命，历经艰苦卓绝的斗争，推翻了“三座大山”，完成了新民主主义革命，实现了民族独立。

新中国成立后，中国共产党团结带领人民完成了中华民族有史以来最为广泛而深刻的社会变革，为当代中国一切发展进步奠定了根本政治前提和制度基础。党的十一届三中全会以来，我们党团结带领人民进行改革开放新的伟大革命，实现了从温饱不足到总体小康再向全面小康迈进的跨越。党的十八大以来，以习近平同志为核心的党中央举旗定向、运筹帷幄，以巨大的政治勇气和强烈的责任担当，解决了许多长期想解决而没有解决的难题，办成了许多过去想办而没有办成的大事，中国特色社会主义进入了新时代。

只有创造过辉煌的民族，才懂得复兴的意义；只有经历过苦难的民族，才对复兴有如此深切的渴望。复兴，是中华儿女共同的梦想。实现中华民族伟大复兴的中国梦，是新时代中国共产党人的崇高历史使命。中华民族伟大复兴的中国梦是以习近平同志为核心的党中央提出的重大战略思想，是党和国家面向未来的政治宣言，体现了中国共产党高度的历史担当和使命追求。从国家层面看，中国梦就是强国梦；从民族层面看，中国梦就是民族复兴梦；从人民层面看，中国梦就是每个中国人的梦。

中国梦是国家情怀、民族情怀、人民情怀相统一的梦。这个梦想，把国家的追求、民族的向往、人民的期盼融为一体，使国家利益、民族利益和每个人的具体利益都紧紧地联系在一起。家是最小国，国是千万家；国泰而民安，民富而国强。只有国家富强、民族振兴，人民才能幸福；国家梦、民族梦的实现过程，也为每个人梦想的实现提供了广阔的空间。

道虽迩，不行不至；事虽小，不为不成。追梦需要勇气，圆梦需要行动。我们要肩负起为中国人民谋幸福、为中华民族谋复兴的初心和使命，披荆斩棘、砥砺前行，信念坚定地朝着中华民族伟大复兴的宏伟目标奋勇前进，共同为实现中华民族伟大复兴的中国梦而不懈奋斗。

“一带一路”

2013年9月和10月，中国国家主席习近平分别提出建设“新丝绸之路经济带”和“21世纪海上丝绸之路”的合作倡议。从此，“一带一路”成为引人注目的高频词汇。

“一带一路”倡议是我国在新时代实行全方位对外开放的重大举措。旨在借用古代丝绸之路的历史符号，高举和平发展的旗帜，积极发展与沿线国家的经济合作伙伴关系，共同打造政治互信、经济融合、文化包容的利益共同体、命运共同体和责任共同体。充分体现了以习近平同志为核心的党中央对我国国情的清醒认识和对国际形势的深刻理解，深刻反映了当今时代的特点和要求。

丝绸之路是起始于古代中国，连接亚洲、非洲和欧洲的古代陆上商业贸易路线。1877年，德国地质地理学家李希霍芬在其著作《中国》一书中，把从公元前114年至公元127年间，中国与中亚、印度间以丝绸贸易为媒介的这条西域交通道路命名为“丝绸之路”，这一名词很快被学术界和大众所接受，并正式运用。丝绸之路开通两千多年后，中国迎来了改革开放的新时代。进入21世纪后，中国改革开放事业取得了巨大成就，中国经济和世界经济高度关联，需要进一步构建全方位开放新格局，深度融入世界经济体系。“一带一路”的提出正逢其时。

2015年3月28日，国家发展改革委、外交部、商务部联合发布了《推动共建丝绸之路经济带和21世纪海上丝绸之路的愿景与行动》。

“一带一路”贯穿亚欧非大陆，一头是活跃的东亚经济圈，一头是发达的欧洲经济圈，中间广大腹地国家经济发展潜力巨大。根据“一带一路”走向，陆上依托国际大通道，以沿线中心城市为支撑，以重点经贸产业园区为合作平台，共同打造新亚欧大陆桥、中蒙俄、中国—中亚—西亚、中国—中南半岛等国际经济合作走廊；海上以重点港口为节点，共同建设通畅安全高效的运输大通道。

“一带一路”倡议自提出以来，中国政府加强与沿线国家的沟通磋商，推动与沿线国家的务实合作，实施了一系列政策措施。习近平总书记、李克强总理等国家领导人先后出访20多个国家，出席加强互联互通伙伴关系对话会、中阿合作论坛第六届部长级会议，就双边关系和地区发展问题，多次与有关国家元首和政府首脑进行会晤，深入阐释“一带一路”的深刻内涵和积极意义，就共建“一带一路”达成广泛共识。

当前，中国已与部分国家签署了共建“一带一路”合作备忘录，与一些毗邻国家签署了地区合作和边境合作的备忘录以及经贸合作中长期发展规划。加强与沿线有关国家的沟通磋商，在基础设施互联互通、产业投资、资源开发、经贸合作、金融合作、人文交流、生态保护、海上合作等领域，推进了一批重点合作项目。

中国政府统筹国内各种资源，强化政策支持。发起设立丝路基金，强化中国—欧亚经济合作基金投资功能。2014 年 10 月 24 日，包括中国、印度、新加坡等在内 21 个首批意向创始成员国的财长和授权代表在北京签约，共同决定成立亚洲基础设施投资银行。

“一带一路”沿线各国资源禀赋各异，经济互补性较强，彼此合作潜力和空间很大。中国在“一带一路”建设中秉承共商、共享、共建原则，坚持开放合作、和谐包容、市场运作、互利共赢。以政策沟通、设施联通、贸易畅通、资金融通、民心相通为主要内容，不断拓展合作区域与领域，尝试与探索新的合作模式。蒙内铁路、巴基斯坦卡洛特水电站、中巴经济走廊、中亚天然气管线、印尼雅万高铁等重点项目正在顺利推进之中。截至 2018 年，中国同“一带一路”沿线国家贸易总额超过 6 万亿美元，对“一带一路”沿线国家直接投资超过 900 亿美元，“六廊六路多国多港”的互联互通架构基本形成。中国同“一带一路”沿线国家共建 82 个境外合作园区，上缴东道国税费 20 多亿美元，带动当地就业近 30 万人，为各国民众带来了更便利生活条件、更良好营商环境、更多样发展机遇。

作为中国与世界各国构建人类命运共同体的伟大实践，共建“一带一路”是中国构建人类命运共同体，打造全方位开放格局和开放型经济的郑重选择，也是中国新一轮改革开放的重要标志。“一带一路”既推动中国走向世界、重构对外开放格局，又将中国发展机遇同沿线和世界各国分享，让各方搭乘中国发展的“快车”和“便车”。“一带一路”为全球均衡可持续发展增添了新动力，提供了新平台，为新时期世界走向共赢带来了中国方案。

7 年来的实践表明，共建“一带一路”将不断推动沿线各国沿着人类命运共同体的目标迈进，从而走出一条相互尊重、公平正义、合作共赢的光明大道。作为和平、繁荣、开放、创新、文明之路，“一带一路”必将行稳致远，惠及天下。

工会改革

2015年，中华全国总工会成立90周年，这一年也被看作中国工会改革“元年”。事实上中国工会成立以来，就一直在改革中发展壮大。这一年开始的改革力度之大、范围之广，具有划时代的意义。

改革的直接动因，源于2015年7月召开的中央党的群团工作会议。会上习近平总书记强调，中国特色社会主义事业是亿万人民的事业，党的群团工作肩负着庄严使命，要进万家门、访万家情、结万家亲。工会、共青团、妇联等群团组织一定要坚持解放思想、改革创新、锐意进取、扎实苦干，把广大人民群众对美好生活的追求汇聚成强大动力，共同谱写实现“两个一百年”奋斗目标、实现中华民族伟大复兴中国梦的新篇章。

随后发布了《中共中央关于加强和改进党的群团工作的意见》（以下简称《意见》）。其后，中央全面深化改革领导小组办公室下发任务书，决定在全国总工会开展中央群团机关改革试点工作。

在革命、建设、改革各个历史时期，党始终高度重视群团工作。在党领导下，群团工作在继承创新中不断加强。但也应该承认，由于种种原因，群团工作与新形势新任务的要求相比，仍存在许多不适应的问题，如基层基础薄弱、有效覆盖面不足、吸引力凝聚力有待加强、工作和活动方式单一等。改革创新是群团工作发展进步的不竭动力。《意见》提出了如下改革目标。

2015 年 11 月，习近平总书记主持召开第十八届中央全面深化改革领导小组第十八次会议，审议通过《全国总工会改革试点方案》，全国总工会正式启动改革试点工作，也标志着覆盖全国的群团改革拉开帷幕。

各级工会认真贯彻落实习近平总书记在中央党的群团工作会议上的重要讲话精神，结合自身实际，紧紧围绕增强“政治性、先进性、群众性”，直面突出问题，采取有力措施，聚焦重点领域和关键环节，破解突出矛盾，回应职工关切，形成了自上而下、自下而上的全面改革态势。

提高工会领导机构职工代表比例，增强工会组织的广泛性和代表性，是全国总工会改革试点工作带来的一个显著变化。2016 年 1 月 17 日，在全国总工会十六届四次执委会议上，全国劳动模范、农民工代表巨晓林当选中华全国总工会兼职副主席，工会最高领导层中，第一次有了农民工的席位。与此同时，全国总工会执委会委员和主席团成员中，劳模和一线职工比例分别增至 15.5 % 和 12.2%。

——在增强工会工作政治性方面，全国总工会始终坚持党对工会的领导，坚持用习近平新时代中国特色社会主义思想武装头脑，深入学习贯彻习近平总书记关于工人阶级和工会工作的重要论述，健全了向党中央请示报告重要工作制度，成立由党组书记任组长的全国总工会党建工作领导小组，在党的建设、干部人事管理等方面制定和修订了190项制度办法，完善工会受同级党委和上级工会双重领导体制，建立全国总工会党组、书记处成员年度调研课题制度等，充分发挥了党组织领导核心作用。

——在增强工会组织先进性方面，搭建职工建功立业的载体和方式，大力弘扬劳模精神、劳动精神、工匠精神，举办“中国梦·劳动美”主题教育，全国总工会5年来共授予全国五一劳动奖状1428个、奖章5044个和工人先锋号5013个；先后以“当好主力军、建功‘十二五’”“践行新理念、建功‘十三五’”“当好主人翁、建功新时代”为主题，开展劳动和技能竞赛，吸引5.2亿人次职工参赛；广泛开展群众性经济技术创新活动，全国职工提出合理化建议6224.6万条。

——在增强工会组织群众性方面，改进工会领导机构人员构成，优化机关职能和机构设置，实行工会代表、执委提案制度，探索建立以专职干部为骨干力量、以兼职挂职干部为重要支撑的机关干部队伍，并注重从劳模和一线优秀工会工作者中考录、遴选工会干部，把更多知职工、懂职工、爱职工的人充实到工会领导机关。同时，不断完善维护职工权益制度和机制，健全职工服务体系，为群众办好事、解难事，维护和发展群众利益，重点帮助职工群众解决日常工作生活中最关心、最直接、最现实的利益问题和最困难、最操心、最忧虑的实际问题，推动实现职工体面劳动、舒心工作、全面发展。

——在夯实工会基层基础方面，推进工作重心下移、力量下沉，连续开展基层工会建设年、落实年活动和“强基层、补短板、增活力”行动，启动农民工入会集中行动、货车司机入会集中行动，不断扩大工会组织覆盖面，不断增强自身影响力和感召力。

全国总工会将精简的行政编制补充到任务繁重、力量薄弱的县级工会，将全国工会经费全年收入的95%留在地方和基层工会，本级工会经费全年收入的70%用于对下补助；建立了基层联系点、调查研究、基层挂职任职、定期接待群众来访、谈心和征求意见等5项直接联系群众制度，把机关干部直接联系职工群众和基层联系点工作列入干部考核内容，探索建立工会服务职工满意度评价制度，适应职工的作息特点安排工作时间，推广“错峰服务”模式。建立了依靠职工群众推进工会工作的运行机制，进一步密切与职工的联系，畅通普通职工直接参与工会工作渠道。

在改革中，各级工会服务职工的创新举措不断。职工群众流动频繁、分布不断变化，针对这一情况，各地以多种方式构建纵横交织的网络化组织体系，先后打造了一批网上服务职工新通道，让职工随时随地能找到工会组织、参加工会活动。

如今，工会改革已结出累累硕果，有力巩固了党执政的阶级基础、群众基础，助推党的工运事业迈入新的发展阶段。然而，改革只有进行时，没有完成时，工会改革永远在路上。各级工会在党的领导下，正在继续以职工为中心引领改革，以问题为导向谋划改革，以自我革新精神深化改革，努力把工会组织建设得更加坚强有力、更加充满活力，更好地团结动员广大职工为实现“两个一百年”奋斗目标、实现中华民族伟大复兴的中国梦充分发挥工人阶级主力军作用。

职工书屋

很多时候，当你走进一家企业，往往会发现一个飘着书香的温馨角落，职工们工余可以在这里读书、上网，还可以品茗、休憩，构成了车间、科室一道亮丽的风景线。这就是工会的“职工书屋”。

职工书屋是中华全国总工会为保障广大职工特别是一线职工、农民工的基本文化权益，丰富基层职工精神文化生活，在全国开展的一项重要文化工程、公益工程。作为工会的一个“品牌”，职工书屋已经问世 10 多年了。

2007 年底，为贯彻落实党的十七大精神，推动社会主义文化大发展、大繁荣，切实帮助广大职工特别是农民工提高自身素质，丰富职工的精神文化生活，保障职工群众的精神文化权益，全国总工会决定自 2008 年起，用 3 年时间在全国重点扶持建设 3000 个“职工书屋示范点”，并发动各级工会以点带面，用 5 年时间全面推动职工书屋建设。

2008 年 1 月 3 日，全国工会职工书屋建设工作电视电话会议召开，中共中央政治局委员、全国总工会主席王兆国为“职工书屋”题字。1 月 18 日，全国总工会印发《关于开展全国工会“职工书屋”建设的实施意见》，对职工书屋建设进行了具体部署。2008年度，1000家全国工会“职工书屋示范点”的图书全部配送到位，带动各地工会自建职工书屋9800余家，藏书总量累计1330.58万册。

职工书屋有效解决了基层职工特别是农民工和非公企业职工“无书可读、无处读书”的问题，发挥了文化教育阵地的作用。同时，通过开展读书知识竞赛、读书会、读书演讲、读书节、读书论坛、星级书屋评选等丰富多样的活动，“职工书屋”的社会影响力不断扩大。

随后，全国总工会决定将职工书屋作为职工素质建设工程的重要组成部分，进一步做大做强。2010年4月，全国总工会制定了《全国职工素质建设工程五年规划（2010—2014年）》，明确了从2010年起各级工会培养和造就一支宏大的高素质职工队伍的目标任务、实践活动、保障措施。到2010年底，全国31个省级工会全部成立了职工素质建设工程领导机构，27个省级工会制定了本地区职工素质建设工程实施意见和规划。为推进职工素质建设工程，各级工会大力推进职工文化教育阵地建设。作为重要职工文化阵地，全国基层工会共建立职工书屋17.3万个，其中2010年全国总工会新建职工书屋示范点1000家、各地自建职工书屋1.2万家。职工书屋，逐渐成为广大职工学习知识、提升素质的“黄金屋”。

根据形势的发展，全国总工会又推出了电子职工书屋，实现了“阅读无处不在”。2015年底，电子职工书屋阅读系统正式建成开通，集阅读网站、App、微信端、数字一体机等多种软硬件终端于一体，拥有不断更新丰富的图书、期刊、有声书等精品阅读资源，满足广大职工数字化阅读需要，开通两年来已普惠职工 300 余万人。

职工书屋在广大职工中传播先进文化，普及科技知识，引导职工“爱读书、读好书、善读书”，不断满足广大职工日益增长的精神文化需求，保障职工基本文化权益，推进社会主义核心价值体系建设，让广大职工共享改革发展成果……在各级工会的强力推进下，职工书屋已经成为深受广大职工欢迎的“精神家园”。

从诞生到成长，职工书屋得到无数的关注与推动，得到多位中央领导的关心和支持，全国总工会每年投入专项经费，扶持建设约 1000 家职工书屋示范点，同时推动各地工会相应配套投入，每年建设职工书屋 1 万家。据统计，13 年来，全国总工会已累计投入专项经费逾 2 亿元，配送图书超过 1000 余万册、价值逾 3 亿元。

依托职工书屋，全国工会开展了一系列的活动。2019 年，为配合庆祝新中国成立 70 周年，职工书屋举办了“70 年 70 场”“与共和国同行”全国职工主题阅读活动。场场座无虚席，累计已有 4 万名职工现场参加，并同时进行网络微直播，通过直播实时收看或回看的职工达到 1000 万人次。营造了“全民阅读”和亿万职工喜迎新中国 70 华诞的良好氛围。

如今，职工书屋已经打造成为推动工会改革创新的响亮品牌。2015 年 11 月，全国总工会改革试点方案将职工书屋与送温暖工程、五一劳动奖、工人先锋号、大国工匠、职工之家一起列为六个工会工作品牌。

在全国各级工会组织的持续共同推动下，职工书屋已形成了党委重视、政府支持、工会运作、部门配合、职工参与的工作机制，覆盖面不断扩大，建设模式不断创新，服务职工、凝聚职工、组织职工的阵地作用日益显现，文化内涵和载体功能不断拓展延伸，阅读条件比较完备、广泛覆盖职工群众的工会读书设施网络初步形成。2016 年，职工书屋被列入《公共文化服务保障法》。

2019 年，全国总工会再度推出《全国工会职工书屋建设工程五年规划（2019—2023 年）》，将进一步创新理念和措施，大力推动职工书屋的全面建设；大力提升电子职工书屋功能与阅读体验；大力开展职工书屋信息普查工作；实施“工会会员免费网上阅读试点计划”，开展“决胜小康 奋斗有我”全国职工主题阅读活动。进一步叫响做实职工书屋品牌，把职工书屋打造成做好职工思想政治工作的有效渠道，把全国职工阅读交流活动办成全民阅读活动的重要载体，突出“三工”特色、做强“工”字品牌，紧跟时代需求，不断推动职工书屋建设创新发展。

2020 年，中央宣传部印发《关于促进全民阅读工作的意见》中指出，阅读是获取知识、增长智慧的重要方式，是传承文明、提高国民素质的重要途径，深入推进全民阅读，对加强社会主义精神文明建设、促进社会进步具有重要意义。要以习近平新时代中国特色社会主义思想为指导，以满足人民精神文化生活新期待为出发点和落脚点，在全社会大力营造爱读书、读好书、善读书的良好氛围，引导人民群众提升阅读兴趣、养成阅读习惯、提高阅读能力，不断增强思想道德素质和科学文化素质，为实现“两个一百年”奋斗目标和中华民族伟大复兴的中国梦提供强大精神动力和智力支持。

送温暖工程

扶贫帮困，互助互济，历来是中国工会的光荣传统。送温暖工程，就是改革开放新时期，对这一光荣传统的继承和发扬。

早在20世纪80年代，各地工会便积极开展各种形式的互助活动，以解决困难职工生活问题。1985—1990年，全国10万多个基层单位扶助贫困职工250多万人。进入90年代后，国有企业改革调整力度加大，一些企业生产经营困难，下岗职工逐年增多，形成了新的城市困难群体。对此，1991年末，全国总工会决定：1992年元旦春节期间，在全国范围开展送温暖活动。

1992年1月7日，全国总工会党组、书记处领导兵分8路，分赴全国18个省、自治区、直辖市走访慰问。自此，一场“进万家门、知万家情、解万家难、暖万家心”的送温暖活动在全国范围内正式拉开帷幕。新华社消息称：“送温暖慰问团所到之处，都受到各地党委、政府和广大职工群众的热情赞扬和大力支持。”“慰问团还积极配合协助当地党政领导解决一些实际问题，安定了人心，促进了企业和社会稳定。”

1994年，全国总工会再次决定，将一年一度的送温暖活动拓展为送温暖工程，以实现送温暖活动的经常化、制度化、社会化。年初，全国总工会领导率10个慰问团，分赴30个省、自治区、直辖市慰问。1995年元旦和春节前后，向职工“送温暖”活动扩展到全国范围，并在社会的广泛支持与合作下，形成“送温暖”的合力。

1996年底，各地工会又开始把实施送温暖工程与职工解困工作紧密结合起来，进一步丰富送温暖活动的内涵。1998年底，正值国有企业改革进入攻坚阶段和实施三年解困目标的关键时期，全国总工会明确提出，各级工会要在大力实施送温暖工程、积极协助政府妥善安排好下岗职工的基本生活、帮助下岗职工实现再就业的同时，对特困职工承担起“第一责任人”的职责，保证不让一名特困职工生活过不下去。

时间进入21世纪，2000年底，全国总工会提出，把送温暖工程从帮扶特困职工，向维护困难职工群体权益上延展。到2002年初，中国工会实施送温暖工程已经10年。新年伊始，江泽民亲笔题词“送温暖工程”。

2002年1月18日，中华全国总工会在北京召开了纪念送温暖工程10周年座谈会。就在同一天，第一家工会困难职工帮扶中心在天津成立。通过设立专门办公场所，配备专职工作人员，提供信访接待、政策咨询、生活救助、就业帮扶等“一条龙”服务的困难职工帮扶中心模式，很快得到了广大职工和社会各界的好评和认可。

此后，送温暖工程的内涵与外延不断拓展，不断向经常化、制度化、社会化的方向发展。2011年3月，习近平总书记作出重要批示，对不断健全送温暖机制，推进工会帮扶工作实现常态化、长效化提出了明确要求。

近30年来，送温暖工程从节日期间的走访慰问、送钱送物，到拓展和演化为一项社会系统工程；从“确保不让一个特困职工过不下去”、对特困职工履行“第一责任人”职责，到维护困难职工群体的合法权益；从发展多样化的帮困形式和手段，到集合成对我国社会保障体系具有拾遗补阙作用的职工互助合作保障体系……在内涵的不断深化和外延的不断扩展中，送温暖活动逐渐走向社会化、制度化、长效化。与此同时，工会的影响力得以有效扩大，社会形象得以切实提升。许多职工正是因为送温暖帮扶工作而认识工会、了解工会，进而真心实意地加入工会、拥护工会。

目前，全国100%的地市级城市和应建县级城镇全部建立了帮扶中心，乡镇、街道和企业等基层工会帮扶站点达3万多个。一个横向到边、纵向到底的帮扶网络体系已然形成。中国工会十六大以来，全国工会共筹集送温暖资金202.2亿元，走访慰问企业103.41万家、走访职工家庭4152.9万户；建立3544个工会困难职工帮扶（职工服务）中心，共筹集帮扶资金200.22亿元，帮扶困难职工3620.27万人次。

任何一项工作都有生命周期，送温暖工程也是这样，随着脱贫攻坚的完成、全面小康的实现，工会送温暖工作更加突出常态化、日常化、经常化。一是工作定位突出常态化，把服务职工抓在经常、日常。二是工作对象上广泛性更加突出，建立层次清晰的梯度帮扶服务职工体系。三是资源利用突出枢纽型，引导社会慈善资源参与送温暖工作。坚持以职工需求为导向，整合利用爱心企业、社会机构、慈善公益等社会资源，共同对接职工。四是作用发挥突出长效化，提升帮扶中心综合服务职工功能。积极拓展工会帮扶中心综合服务职工功能，在做好困难职工解困脱困工作的基础上，主动承接政府转移的公共服务职能、工会自身的服务项目、企业和社会组织的公益资源，有所侧重地开展帮扶服务职工工作。

近 30 年来，送温暖工程走出了一条充满爱心、充满阳光、充满力量、充满希望的温暖之路。面对党政所需、职工所盼，一代又一代工会干部投身送温暖帮扶的时代洪流，日复一日、年复一年，用自己的竭诚服务、默默奉献，锻造着中国工会忠诚党的事业，竭诚服务职工的形象。

大国工匠

2015年11月，习近平总书记主持召开中央全面深化改革领导小组会议，审议通过《全国总工会改革试点方案》。其中，叫响做实大国工匠品牌，便是工会改革的一个重要举措。

2016年4月26日，习近平总书记在知识分子、劳动模范、青年代表座谈会上指出："要弘扬'工匠精神'，精心打磨每一个零部件，生产优质的产品。"此前，工匠精神首次出现在当年全国人大会议的政府工作报告中——"培育精益求精的工匠精神"。

高水平工匠队伍是国家产业核心竞争力的重要组成部分，实现中华民族伟大复兴的中国梦，需要一大批德艺双馨的优秀工匠。全国总工会为此明确要求，各级工会要按照党中央对全国总工会改革试点工作的部署和要求，在充分发挥大国工匠的示范带动作用、推动建设一支高素质职工队伍、关心关爱大国工匠等高技能人才上下更大功夫。

对于拥有3亿会员的中国工会来说，培育大国工匠具有独特优势——4万余名全国劳模和先进工作者以及全国五一劳动奖章获得者，近2亿人次参加劳动和技能大赛的职工，都成为发掘和培养大国工匠的富矿。

2016年起，在全国总工会的大力推介下，大国工匠强势登录中央新闻主流媒体、网站的重要版面和黄金时段，形成了主流媒体强力推进、网络媒体同步互动的全方位、高频次、立体化宣传态势。不到5年的时间里，全国总工会与中央广播电视总台合作推出6季《大国工匠》和8集《大国工匠》专题片，同时启动“大国工匠年度人物”评选。全国总工会与国家网信办联合组织开展“中国梦·大国工匠篇”大型主题宣传活动，优秀工匠的奋斗故事登上中央主流网站和主要商业网站的醒目位置。

2020年11月24日，习近平总书记在全国劳动模范和先进工作者表彰大会上的讲话中指出，“我们培育形成了爱岗敬业、争创一流、艰苦奋斗、勇于创新、淡泊名利、甘于奉献的劳模精神，崇尚劳动、热爱劳动、辛勤劳动、诚实劳动的劳动精神，执着专注、精益求精、一丝不苟、追求卓越的工匠精神”。工匠是掌握顶尖工艺技术的人才，是支撑一个国家制造业的灵魂。大国工匠是千百万工匠人才的杰出代表，是践行工匠精神的先行者和时代典范。“中国制造”要尽早变为“中国精造”，需要有一大批身怀绝技的大国工匠。如今，中国制造业的很多领域已经处于世界先进甚至领先水平，但与世界制造业强国相比仍然存在一定差距，大部分关键和核心技术仍然掌握在西方企业手里。因此，我们更需要培育和产生越来越多的大国工匠，推动中国制造不断升级，引领世界制造业新方向、新标准。

对于正在迈向高质量发展的中国经济而言，同样需要加快新时期产业工人队伍建设改革，让工匠精神真正“火”起来，让大国工匠真正成为亿万劳动者的榜样。

2017年2月6日，中共中央、国务院印发了《新时期产业工人队伍建设改革方案》，明确指出要把产业工人队伍建设作为实施科教兴国战略、人才强国战略、创新驱动发展战略的重要支撑和基础保障，纳入国家和地方经济社会发展规划，造就一支有理想守信念、懂技术会创新、敢担当讲奉献的宏大的产业工人队伍。这为培育更多优秀的大国工匠提供了政策支持和制度保障。为此，中国工会不遗余力，努力叫响做实大国工匠品牌，一大批大国工匠典型脱颖而出。

在全国总工会和各级工会的积极推动下，大国工匠走进了企业、社区、学校。开展“大国工匠进校园”主题活动，将高凤林、宁允展等大国工匠请进职业学校，现场展示技艺，与师生交流互动，传授做人学艺的经验和体会。通过聘请大国工匠为客座教授、倡导在学校建立大师工作室等形式，有效教育和引导职业院校学生深刻理解工匠精神内涵，树立正确的人生观、价值观和职业观，为职业院校和企业合作培养造就更多大国工匠搭建平台。

在全国总工会的指导示范下，各地工会纷纷推出工匠培养宣传计划，一批批地方工匠脱颖而出，学习大国工匠、争当大国工匠的氛围日渐浓郁。

今天，推进“五位一体”总体布局、“四个全面”战略布局，立足新发展阶段，贯彻新发展理念，构建新发展格局，实现高质量发展，深化供给侧结构性改革……这些沉甸甸的任务，为培育大国工匠提出了新的维度：变压力为加快推动经济高质量发展的动力，离不开一线职工、技能人才勤劳的身影。随着大国工匠成为一项红遍大江南北的品牌，越来越多的劳模和工匠人物为新时代的劳动精神代言，成为亿万职工共建新时代的缩影。

脱贫攻坚

反贫困是古今中外治国理政的一件大事。消除贫困、改善民生、逐步实现共同富裕，是社会主义的本质要求，是我们党的重要使命。新中国成立以来，中国共产党带领人民持续向贫困宣战，特别是改革开放以来，实施大规模扶贫开发行动，使7亿多农村贫困人口成功脱贫，为全面建成小康社会打下了坚实基础，成功走出了一条中国特色扶贫开发道路。中国成为世界上减贫人口最多的国家，也是世界上率先完成联合国千年发展目标的国家。

扶贫开发事关全面建成小康社会，事关人民福祉，事关巩固党的执政基础，事关国家长治久安，事关我国国际形象。小康不小康，关键看老乡。全面建成小康社会，最艰巨的任务是脱贫攻坚，最突出的短板在于，截至2014年底，我国农村还有7000多万贫困人口。中共中央决定，发起扶贫攻坚战。

党的十八大以来，党中央把扶贫开发工作纳入“四个全面”战略布局，作为实现第一个百年奋斗目标的重点工作，摆在更加突出的位置，大力实施精准扶贫，不断丰富和拓展中国特色扶贫开发道路，扶贫开发事业取得了新的显著进展。

党的十八届五中全会从实现全面建成小康社会奋斗目标出发，把“扶贫攻坚”改成“脱贫攻坚”，明确了新时期脱贫攻坚的目标，到2020年实现“两个确保”：确保农村贫困人口实现脱贫，确保贫困县全部脱贫摘帽。可以说，全面建成小康社会，实现第一个百年奋斗目标，农村贫困人口全部脱贫是一个标志性指标。

2015年11月27日至28日，中央扶贫开发工作会议在北京召开，会后发布了《中共中央国务院关于打赢脱贫攻坚战的决定》，明确“十三五”期间脱贫攻坚的目标是：到2020年，稳定实现农村贫困人口不愁吃、不愁穿，义务教育、基本医疗和住房安全有保障。实现贫困地区农民人均可支配收入增长幅度高于全国平均水平，基本公共服务主要领域指标接近全国平均水平。确保我国现行标准下农村贫困人口实现脱贫，贫困县全部摘帽，解决区域性整体贫困。

2017年10月18日，习近平总书记在党的十九大报告中指出，坚决打赢脱贫攻坚战。要动员全党全国全社会力量，坚持精准扶贫、精准脱贫，坚持中央统筹省负总责市县抓落实的工作机制，强化党政一把手负总责的责任制，坚持大扶贫格局，注重扶贫同扶志、扶智相结合，深入实施东西部扶贫协作，重点攻克深度贫困地区脱贫任务，确保到2020年我国现行标准下农村贫困人口实现脱贫，贫困县全部摘帽，解决区域性整体贫困，做到脱真贫、真脱贫。

2018年，脱贫攻坚在力度、广度、深度和精准度上都达到了新的水平。脱贫攻坚三年行动开局良好，深度贫困地区脱贫进程明显加快，作风治理和能力建设初见成效，精准扶贫精准脱贫举措扎实落地，东西部扶贫协作和定点扶贫取得突破性进展，资金保障进一步加大，贫困地区生产生活条件明显改善，多年困扰贫困群众的行路难、饮水难、用电难、通信难、教育难、就医难等问题，在大部分贫困地区得到了解决。同时，党中央指出，深度贫困地区脱贫难度大，实现“两不愁三保障”存在薄弱环节，稳定脱贫长效机制有待健全，帮扶工作方式方法不够精准，要求必须始终保持打攻坚战的状态，咬定目标，久久为功。执行结果，年度任务全面完成，全年减少农村贫困人口1000万以上，280个贫困县脱贫摘帽，完成280万人易地扶贫搬迁建设任务，连续6年超额完成千万减贫任务。

2019年是新中国成立70周年，是打赢脱贫攻坚战攻坚克难的关键一年。3月5日，国务院总理李克强在政府工作报告中提出，打好精准脱贫攻坚战，全面落实三年行动指导意见，坚持脱贫攻坚目标和现行扶贫标准，坚持大扶贫工作格局，进一步聚焦突出问题，强化责任落实，把防止返贫摆到更加重要的位置，确保再减少农村贫困人口1000万左右，实现300个左右贫困县摘帽，基本完成“十三五”易地扶贫搬迁规划建设任务，为2020年全面打赢脱贫攻坚战奠定坚实基础。要聚焦深度贫困地区集中攻坚，努力解决“两不愁三保障”突出问题，深入推进东西部扶贫协作和定点扶贫，加大扶贫投入加强资金监管，做好中央专项巡视整改工作，激发贫困群众内生动力，加强脱贫攻坚总结宣传，进一步完善建档立卡，做好脱贫攻坚与乡村振兴战略的衔接。同年 10 月，为加强对国家脱贫攻坚普查工作的组织领导和统筹协调，国务院成立国家脱贫攻坚普查领导小组。

2020 年，突如其来的新冠肺炎疫情，给我国经济社会发展带来了前所未有的冲击。党中央审时度势，提出优先稳就业保民生，坚决打赢脱贫攻坚战，努力实现全面建成小康社会目标任务。要求落实脱贫攻坚和乡村振兴举措，保障重要农产品供给，提高农民生活水平；加大剩余贫困县和贫困村攻坚力度，对外出务工劳动力在就业地稳岗就业；开展消费扶贫行动，支持扶贫产业恢复发展；加强易地扶贫搬迁后续扶持；深化东西部扶贫协作和中央单位定点扶贫，强化兜底保障；搞好脱贫攻坚普查；接续推进脱贫与乡村振兴有效衔接，全力让脱贫群众迈向富裕。

2021 年 2 月 25 日，在全国脱贫攻坚总结表彰大会上，习近平总书记庄严宣告，经过全党全国各族人民共同努力，在迎来中国共产党成立一百周年的重要时刻，我国脱贫攻坚战取得了全面胜利，现行标准下 9899 万农村贫困人口全部脱贫，832 个贫困县全部摘帽，12.8 万个贫困村全部出列，区域性整体贫困得到解决，完成了消除绝对贫困的艰巨任务，创造了又一个彪炳史册的人间奇迹！这是中国人民的伟大光荣，是中国共产党的伟大光荣，是中华民族的伟大光荣！